CANTOS DE GUERRA

cantadores negros e as disputas em torno do gênero do Marco (1870-1930)

CANTOS DE GUERRA

cantadores negros e as disputas em torno do gênero do Marco (1870-1930)

Paulo Teixeira Iumatti

alameda

Grafia atualizada segundo o Acordo Ortográfico da Língua Portuguesa de 1990, que entrou em vigor no Brasil em 2009.

Edição: Haroldo Ceravolo / Joana Monteleone
Editora assistente: Danielly de Jesus Teles
Projeto gráfico, diagramação e capa: Airton Felix Silva Souza
Assistente acadêmica: Tamara Santos
Revisão: Alexandra Colontini
Imagem da capa: Marina Januzzi Nabuco de Araújo

CIP-BRASIL. CATALOGAÇÃO NA PUBLICAÇÃO
SINDICATO NACIONAL DOS EDITORES DE LIVROS, RJ
I88c

Iumatti, Paulo Teixeira
Cantos de guerra : cantadores negros e as disputas em torno do gênero do marco (1870-1930) / Paulo Teixeira Iumatti. - 1. ed. - São Paulo : Alameda, 2020.
240 p. ; 21 cm.

Inclui bibliografia
ISBN 978-65-86081-39-8
1. Negros - Brasil - História. 2. Escravidão - Brasil - História. 3. Folclore dos negros. 4. Negros - Canções e música - Brasil. I. Título.

19-61136 CDD: 781.62089073
CDU: 784.4(81)

Editora filiada à Liga Brasileira de Editoras (LIBRE) e
à Aliança Internacional dos Editores Independentes (AIEI)

ALAMEDA CASA EDITORIAL
Rua 13 de Maio, 353 – Bela Vista
CEP 01327-000 – São Paulo, SP
Tel. (11) 3012-2403
www.alamedaeditorial.com.br

Em memória dos antepassados de Alexandre José Teixeira

Eu não sou o melhor. Eu sou o dobro do melhor. Eu não só os nocauteio. Eu escolho o round. Eu sou o mais ousado, o mais bonito, o superior, o mais científico. O lutador mais habilidoso no ringue hoje.

Cassius Clay é um nome de escravo. Eu não o escolhi e não o quero. Eu sou Muhammad Ali, um nome livre – significa amado por Deus, e eu insisto que as pessoas o usem quando falarem comigo e sobre mim.

Tomei a decisão de ser um negro que não se deixa ser pisado pelos brancos.

Muhammad Ali

[Cantos de Guerra]

Fortaleza de cantador
Romance
Dedicar atenção especial ao caso dos Marcos e Fortalezas de Cantador. É [riscado: obra] criação original nossa.
Veja Mota n. 59 – XXI – 55

Mário de Andrade

[Notas de Pesquisa]. Pasta Cantos de Guerra, Código: MA-MMA-024-034, Fundo Mário de Andrade, Arquivo IEB-USP.

SUMÁRIO

Nota Explicativa

Neste livro, abordo, de um ponto de vista histórico, a constituição conflituosa de um espaço tanto de auto-valorização como de violência e exclusão para mulheres e homens negros entre finais do século XIX e começos do século XX: o da cantoria de viola e dos folhetos de cordel. Como têm observado vários autores, tal espaço foi marcado pelo ônus da herança escravista, assim como outros inúmeros espaços da sociedade e da cultura brasileiras naquele período.

O recorte temporal aqui proposto, que se encerra abruptamente nos anos 1930, pode dar a entender, ao leitor pouco familiarizado com os rumos desses campos da produção cultural, que o panorama aqui traçado, que culmina na relativa vitória de um processo de exclusão, tenha validade para descrevê-los nos dias de hoje. Nada seria mais falso, já que parte amplamente majoritária da literatura de cordel e da cantoria de viola atuais vive um momento assaz distinto, estando longe de abraçar os preconceitos de outrora; e que cordelistas, cantadoras e cantadores têm se mostrado ativos na luta contra as várias heranças da escravidão – e, de forma mais geral, contra todas as injustiças sociais. Assim, o viés crítico aqui desenvolvido – necessário, como se há de compreender, em um estudo dessa natureza – em nada diz respeito à grande maioria das principais poetisas e poetas, cantadoras e cantadores, do tempo presente. A eles dedico este trabalho.

Apresentação

Rosilene Alves de Melo
Universidade Federal de Campina Grande

No "norte" do Brasil, a partir da década de 1870, as cantorias emergem como prática cultural através dos desafios entre duplas de cantadores, munidos da viola, da voz, do corpo e da memória. Dentre os gêneros das cantorias, o marco se destaca como um dos mais singulares. Trata-se de um sistema de composição em que o poeta erige uma fortaleza ficcional, imaginária, invencível, indestrutível. Representa um domínio, um território onde a fama do poeta se ergue. Vivendo numa sociedade marcada pela escravidão, pelo racismo e pela violência, cantadores e cantadoras negros - Manoel Caetano, Joaquim Francisco Santana, Severino Perigo, Chica Barrosa e Inácio da Catingueira - se apropriam do marco como um modo de ritualização e de enfrentamento dos conflitos, através da exacerbação de valores individuais e da performance do poeta.

Em *Cantos de Guerra* Paulo Iumatti realiza uma profunda investigação sobre a presença afrobrasileira na constituição da literatura de folhetos no Brasil. Apoiando-se em exame criterioso de um conjunto de folhetos e documentação da época, o autor analisa os significados dos usos do marco por homens e mulheres escravizados (as), forros(as) "livres" que travam, por meio do verso, disputas pela memória. No Brasil que estigmatiza, violenta e exclui indivíduos em razão da cor da pele, o marco se converteu numa fortaleza de proteção e num *Canto de Guerra* pela liberdade.

Prefácio
O marco sem fim

Michel Riaudel

Sorbonne Université[1]

Ainda lembro da minha surpresa ao descobrir nas Aurés (Argélia) campos pedregosos com pequenos amontoados de seixos dispersos ou uma pedra maior plantada aqui e acolá. Informaram-me que era o modo de demarcação dos terrenos adotado pelos camponeses. Procedimento tão diferente do que eu conhecia na Bretanha, onde cercas de arame delimitavam precisamente a lavoura de cada um. De um lado o obstáculo físico que nos obrigava a malabarismos para passar de um terreno a outro durante os passeios dominicais, mantendo o eventual gado arrimado a uma dupla dependência, o dono e o prado. De outro, umas fronteiras quase invisíveis, facilmente transponíveis, de caráter simbólico, cuja leitura e tradição dependiam do consenso, de um pacto tácito entre as partes, como todo símbolo aliás.

O marco, nesse sentido de marcador de divisa, pode funcionar de duas maneiras: ou como ponto de uma linha virtual (e nesse caso exige o múltiplo, a série: a linha se definindo pela relação entre os diversos pontos), ou como padrão único, central, fincado em chão firme para explicitar uma posse de extensão aberta. Esta é a acepção comum no gênero "marco" da literatura de cordel, verticalmente único, e constituído horizontalmente pelo conjunto de seus pequenos e singelos marcos.

1 UFR d'Études Ibériques et Latino-Américaines/CRIMIC

Seja ele de pedra, seja ele de pau, o objeto marco remete a um espaço concreto e figurado nos seus sentidos: o domínio inexpugnável do poeta onde este acumula as belezas e as riquezas do mundo, e/ou as suas mais temíveis máquinas e criaturas; e a expressão de sua superioridade moral, intelectual, conferida por seu artefato, sua "obra-prima".

Gênero fascinante, que Paulo Iumatti me fez descobrir (o pouco que sei do marco, aprendi com ele), fascinante por inúmeros motivos, a começar pela duplicação da mobilização simbólica: de um lado inventa um território de palavras; do outro, consequentemente, afirma a preeminência do cantador em contexto de acirrada competição. É justamente essa segunda dimensão que o aproxima da peleja: só que, ao invés de uma justa a dois, o marco opõe sua voz a todas as demais. Por isso seu triunfo há de ser definitivo, ou pelo menos se autoproclamar como tal, sem controvérsias possíveis. Estamos diante de uma construção de linguagem absoluta, expressão de uma vertiginosa hybris, desmedida, literalmente (e paradoxalmente) sem término, tal como o marco plantado pelo poeta exibe menos um território circunscrito do que expressa o significante de seu poderio.

O gênero mimetiza não só os gestos do combate, jactância, invectivas, posturas agressivas, mas também o mundo de que é redução e expansão. Redução por selecionar e concentrar dele o melhor, o mais forte..., tornando-se um microcosmo superlativo ou uma espécie de arca de Noé. Expansão na medida em que ele pretende tudo submeter à sua soberania. Sua única fragilidade, que não é pequena, reside no fato de poder ser contestado e "derrubado" a qualquer momento por um rival hábil ou mal-intencionado, já que se sustenta apenas em sua força de persuasão e na adesão benevolente do público. O marco é inseparável dessa função vicariante, que tem a ver com o seu caráter simbólico: como dissemos da diferença entre cerca e padrão, seu valor, apesar de se dizer supremo e irrestrito, é na verdade completamente relativo, dependendo de ser ou não reconhecido, do consentimento. Daí a importância do material de recepção: os comentários, a fortuna crítica, as edições e variantes. O marco existe em função do que é, e em função do que dele se diz.

Essas são algumas características desse gênero extraordinário, obsessivo, que já teria se manifestado na cantoria do século XIX. Daí a tese que Paulo Iumatti desenvolve aqui, numa leitura histórica cuidadosa: a de uma forte imbricação do marco com a sociedade escravista e pós-escravista, que tem como continuidade a discriminação (quando não demonização) do negro. Pois nessa combinação de espaço próprio, livre, autônomo, e de afirmação de independência e superioridade em relação a qualquer senhorio, figura-se a emancipação do cantador negro – ou sua negação. Nessa hipótese o marco expressaria no plano individual o que o quilombo realiza coletivamente. Historiador que assimilou toda a bibliografia a respeito do assunto, Paulo avança nessa frente de modo ao mesmo tempo cauteloso, rigoroso e seguro.

Cauteloso, ele abre a reflexão pelo estado da arte: as discussões sobre as origens do gênero, as possíveis conexões com a Antiguidade, a Idade média...: a colina que Poseidon fortificou, segundo o Crítias de Platão; a tópica horaciana do Exigi monumentum; a tradição medieval alemã do castelo dos amores (Minneburg, o Minnesinger, o trovador – com seu avesso, em Heine, do castelo dos desaforos); o castelo interior de Teresa d'Ávila, morada de Deus... Porém não se detém nessas interpolações, preferindo privilegiar o contexto brasileiro de onde o marco emana. Nisso, a análise vai de encontro ao olhar não historicista que faz da sincronia o leito das significações.

Rigoroso e convincente, pois o raciocínio e a demonstração de Paulo Iumatti respeitam os códigos do cordel sem forçar as interpretações; ele acumula citações e argumentos para mostrar o quanto os versos dos marcos, assim como a prosopografia dos repentistas e cordelistas, sua fama, são atravessados, mobilizados, pelos preconceitos de cor e pelas reações, as réplicas que suscitam. Essa dinâmica estrutura as duplas Inácio da Catingueira x Francisco Romano, Manuel Caetano x Manuel Cabeceira, Chica Barrosa x Neco Martins, ou vozes isoladas como Severino Perigo ou Joaquim Francisco Santana (aliás Joaquim Sem Fim – precisamos estar atentos às virtualidades dos sobrenomes e apelidos). Desse modo, pode-se ler essas primeiras pessoas singulares (lutadores comparáveis ao gabo de Muhammad Ali citado em inspirada epígrafe) como expressão de um nós, ou segundo a formulação de Paulo Iumatti, falar na "presença de um nós transfigurado em eu".

A análise estende-se, no último capítulo, para o ciclo do cangaço no cordel, evidenciando "apropriações da tópica e do gênero do marco" em sua fase inicial (1900-1940): um como outro "têm a ver com as lutas pela memória" e com "o processo de marginalização das populações afrodescendentes", estando portanto enraizados na sociedade escravista e suas sequelas. O cangaço podendo então ser lido como imagem invertida do processo de idealização do marco.

Como documento, o marco, aqui exaustivamente analisado, sai legitimamente engrandecido deste livro. Erguido em monumento, abundantemente citado (outro sinal do respeito do autor por essa poesia), ganha aqui foros de dignidade e nobreza. Como obra poética, quem sabe esse estudo contribuirá para conferir ao marco "eternidade". Como bem escreve Paulo Iumatti, o marco de fato constrói "um tipo muito especial de limite a partir do qual podem perder-se todos os limites". A questão sendo justamente, no caso da literatura, que a leitura sempre há de se manter aberta a novas semantizações, outras derivas. Optar pelo marco contra a cerca farpada. Marca de sua vitalidade.

Introdução
O gênero do marco

O universo da literatura de cordel e da cantoria brasileiras tem merecido, ao longo das últimas décadas, estudos provenientes de diversas áreas. Tais estudos exploraram um leque temático variado, tendo sido o cordel utilizado, por exemplo, como fonte para o estudo do cangaço, do imaginário dos devotos do Padre Cícero, da história política da Primeira República, da história e da memória das migrações, das representações de gênero e das relações e conflitos raciais, entre muitos outros assuntos. Os próprios mundos da produção e consumo do cordel e da cantoria, com suas especificidades e interfaces, bem como sua apropriação por escritores, artistas e intelectuais, foram temas bastante abordados. Deles emergiram questões importantes acerca das relações sociais e raciais, relativas ao contexto "nordestino" ou ao universo de migrantes provenientes do Nordeste ao longo do século XX.[1]

---

1 Sem pretendermos ser exaustivos, leitoras e leitores poderão encontrar, na Bibliografia, uma pequena seleção de estudos clássicos ou recentes que abordam o cordel e a cantoria nordestinos, de autoria de estudiosos como F. R. L. Ramos, J. M. Sautchuk; I. Guillen; I. Maya; S. Nemer; L. Lewin; J. Cavignac; M. Curran; C. Slater; M. Ayala; J. Ferreira; M. Abreu; R. Terra; R. Melo etc. Duas coletâneas relativamente recentes fornecem um panorama das abordagens contemporâneas sobre a literatura de cordel: NEMER, S. (org.). *Recortes contemporâneos sobre o cordel.* Rio de Janeiro: Edições Casa de Rui Barbosa, 2008, e MENDES, S. de P. dos S. (org.). *Cordel nas gerais: oralidade, mídia e produção de sentido.* Fortaleza: Expressão Gráfica, 2010.

O marco é um gênero[2] dos mais singulares em meio ao universo da literatura de folhetos que surge no "norte" do Brasil no final do século XIX. Derivado das cantorias e, particularmente, dos desafios entre cantadores, remete ao máximo superlativo a que pode levar sua dinâmica de auto-exaltação,[3] estruturada pelo "insulto poético". Podemos resumi-lo como uma *construção imaginária*, feita por um cantador ou poeta em primeira pessoa do singular, em especial por meio de hipérboles, na qual são procurados a delimitação e o estabelecimento de um território poético que desafia a imaginação de outros cantadores ou poetas.[4] Como tal, o marco é em geral uma cidade, castelo, fortaleza ou refúgio erigido em um vasto domínio, contendo incontáveis terras, rios, exércitos, animais fantásticos, riquezas, perigos e horrores. Ele é utilizado, com frequência, para significar o território pelo qual se estenderia a fama de um cantador ou poeta, representando os limites de seu domínio invencível. Seus contornos particulares constituiriam, ao mesmo tempo, a forma específica que assumiria todo um estilo e uma imaginação poéticos. Nesse sentido, Ariano Suassuna, ao fazer o personagem principal e narrador de seu *Romance d'A Pedra do Reino* (1971) ter como objetivo a construção de um marco, descreveu-o com grande clareza, tornando explícito o seu caráter meta-poético e metafórico:

> Assim, aos poucos, ia se formando no meu sangue o projeto de eu mesmo erguer, de novo, poeticamente, meu Castelo pedregoso e amuralhado. Tirando daqui e dali, juntando o que acontecera com o que ia sonhando, terminaria com um Castelo afortalezado, de pedra, com as duas torres centradas no coração do meu Império. Este, espinhoso e meio adesertado, era

---

2 Poder-se-ia dizer, também, que ele constitui um subgênero da *peleja*.

3 ALMEIDA, A.; SOBRINHO, J. A. (orgs.). *Marcos e vantagens*. Campina Grande: UFPB, 1981, p. 11-18.

4 TERRA, R. *Memória de lutas: literatura de folhetos do Nordeste*. São Paulo: Global, 1983, p. 65-66; FERREIRA, J. P. *Armadilhas...*, *Op. Cit.*, p. 151-152. Uma tentativa de proposição de definição e modelo de análise do marco foi feita recentemente, a partir de um ponto de vista formal. Ver: ALVES SANTOS, L. A. "Marco: uma metodologia de análise". *Boitatá*, Londrina, n. 11, jan.-jul. 2011, p. 1-15; ______. "Marco: uma tradição que se refaz". *Boitatá*, Londrina, n. 10, jul.-dez. 2010, p. 34-53.

> integrado astrologicamente por sete Reinos: o dos CaririsVelhos, o da Espinhara, o do Seridó, o do Pajeú, o de Canudos, o dos Cariris Novos e o do Sertão do Ipanema. Era o Quinto Império, profetizado por tantos Profetas brasileiros e sertanejos e cortado por sete Rios sagrados [...] Seria um Reino literário, poderoso e sertanejo, um Marco, uma Obra cheia de estradas empoeiradas, catingas e tabuleiros espinhosos, serras e serrotes pedreguentos, cruzada por Vaqueiros e Cangaceiros, que disputavam belas mulheres, montados a cavalo e vestidos de armaduras de couro. Um Reino varrido a cada instante pelo sopro sangrento do infortúnio, dos amores desventurados, poéticos e sensuais, e, ao mesmo tempo, pelo riso violento e desembandeirado [...].[5]

Jerusa Pires Ferreira apresenta o marco como um "curioso torneio" – de grande originalidade e alcance, em termos de sua "operação criativa" –, caracterizando-se pelo "combate imaginário levado a um grau intenso". Nele, o poeta constrói sua fortificação ou castelo, cabendo ao contendor destruir, pedra por pedra, tanto aquela fortaleza simbólica em seus detalhes, quanto a argumentação que a ergueu. Assim, o marco, enquanto sistema de composição, ligar-se-ia sobretudo ao universo dos desafios e *pelejas* (tendo Idelette M. F. dos Santos considerado a noção de castelo ou obra como um elemento indispensável à construção do universo imaginário dos cantadores),[6] persistindo nele, enquanto gênero da literatura de folhetos, também em grau extremo, uma tensão entre oralidade e escritura.[7]

O objetivo de muitos poetas ao construírem seus marcos parece ter sido alcançar a fronteira máxima a que poderiam chegar sua habilidade

5 SUASSUNA, A. *Romance da Pedra do Reino*. 2ª ed. Rio de Janeiro: José Olympio, 1972, p. 75.

6 "Um dos temas recorrentes nas sessões de cantoria refere-se a esses redutos imaginários que todo bom cantador elabora, lugares fantásticos e metafóricos, cercados de um terrível sistema defensivo para impedir qualquer assalto. Toda vez que um cantador expõe e descreve, com muitos detalhes, esse símbolo de sua invulnerabilidade poética, seu adversário desenvolve os recursos poético-guerreiros à sua disposição para aniquilar a obra do adversário. Esse reduto tem nomes diversos: castelo, fortaleza, marco ou obra. [...]". SANTOS, I. M. F. dos. *Em demanda da poética popular: Ariano Suassuna e o movimento armorial.* 2ª ed. Campinas: Editora da Unicamp, 2009, p. 117.

7 FERREIRA, J. P., *Op. Cit.*, p. 151-152.

e capacidade de criação. Para tanto, a relação ambígua entre oralidade e escrita tendeu, em maior ou menor grau, ao super-desenvolvimento desta última. Nesse sentido, observa-se que neles os poetas puderam mobilizar, condensar ou talvez antecipar recursos (hipérboles, imagens etc.) utilizados em outros tipos de folhetos. Não é à toa, assim, que um dos folhetos brasileiros tidos como dos mais elaborados do século XX, a "Viagem a São Saruê",[8] publicado pela primeira vez nos anos 1950, guarde algo em comum com a linguagem dos marcos,[9] reproduzindo, por outro lado, e em alguma medida, a tópica da "idade do ouro".[10]

De certa forma, os marcos constituíram, para os "poetas de bancada" que ousaram escrevê-los, suas obras-primas – no que muitos deles talvez tenham parcialmente "imitado", no âmbito de um sistema literário/ musical que se processava relativamente à margem ou em posição subalterna em relação às instâncias máximas de consagração (academias, imprensa, crítica literária, livros escolares etc.),[11] a própria concepção de "obra prima", apropriando-se da mesma (não sem, por vezes, uma pitada de humor). Assim, os cordelistas dialogaram, neste como em outros aspectos, com a cultura das classes dominantes. Pode-se talvez ir mais longe e ver, no marco, a tópica horaciana do *Exigi monumentum* ("Mais perene que o bronze um monumento/ ergui, mais alto e régio que as pirâmides, [...]"), a qual, porém, remete à obra de arte como monumento *para a eternidade* ([...] nem o roer da chuva nem a fúria/ de Áquilo o tocarão, tampouco o tempo/ ou a série dos anos. Imortal/ em grande parte, a morte só de um pouco/ de mim se apossará [...]")[12] – o que se distancia do próprio conceito do *desafio*, do jogo de construção e

---

8 SANTOS, M. C. dos. "Viagem a São Saruê". Olinda: Fundação Casa das Crianças de Olinda, 1977. Código: LPCORDEL-IEB-1366, Arquivo IEB-USP.

9 ALMEIDA, A.; SOBRINHO, J. A. (orgs.), *Op. Cit.*, p. 18.

10 ARAUJO, H. V. de. "O tema da 'idade do ouro' em Grande Sertão: veredas". *Revista do Instituto de Estudos Brasileiros*, São Paulo, n. 44, fev. 2007, p. 173-208.

11 Ver, entre outros, TERRA, *Op. Cit.*

12 HORÁCIO (Quinto Horácio Flaco), Ode III, 30. Trad. Haroldo de Campos. In: MARTINS, P. (org.). *Antologia de poetas gregos e latinos (monódica e coral, jâmbica, polímetra e elegíaca).* 3ª. ed. São Paulo: Departamento de Letras Clássicas e Verná-

desmanche que estrutura a poesia popular e, por conseguinte, conforme sugestão de Mário de Andrade, o próprio marco.[13]

No entanto, Mário de Andrade também relacionou o marco, em uma série de notas de pesquisa que armazenou em um pequeno envelope intitulado "Marco/Fortaleza de Cantador", o qual consta da pasta de estudos e anotações que classificou como "Cantos de Guerra", a tópicas eruditas, embora de forma muito cuidadosa ("[...] Não estou dizendo nada, entenda-se."): em uma de suas anotações, por exemplo, relacionou-o à mitologia grega, mais precisamente à colina que Poseidon (Netuno) fortificou, segundo o *Crítias* de Platão, para morar com Clito, na qual havia duas muralhas e três valas cheias de água do mar, dentro havendo duas fontes de água – uma quente, outra fria –, além de plantas alimentares:

> Essa montanha ficava na Atlantida que coubera em partilha a Poseidon. Alias toda a Atlantida descrita no Critias (loc. cit.) é um verdadeiro marco de cantador. [...][14]

Em outra das anotações, cogitou ser a ideia de construir um território fortificado (Marco ou Castelo) para defesa do indivíduo dos perigos do exterior "muito antiga na tradição portuguesa", mencionando, especificamente, um manuscrito medieval de caráter alegórico, denominado "Castelo Perigoso". Este era um trabalho de edificação religiosa, que ensinava todos a construir o seu "castelo interno" contra os inimigos espirituais, e que parecia, a Mário, inspirado em um

---

culas da Faculdade de Filosofia, Letras e Ciências Humanas da Universidade de São Paulo, 2010, p. 19.

13 Mário de Andrade intuiu a conexão, em linguagem cifrada, em suas anotações sobre o marco: "Marco de Cantador / A isso se liga talvez o processo poético de 'desmanchar o engenho', usado cantadores consiste construir um engenho descritivamente e depois desmanchá-lo [SIC]." ANDRADE, M. de. [Notas de Pesquisa]. Pasta Cantos de Guerra, Código: MA-MMA-024-049, Fundo Mário de Andrade, Arquivo IEB-USP.

14 ANDRADE, M. de. [Notas de Pesquisa]. Pasta Cantos de Guerra, Código: MA-MMA-024-041, Fundo Mário de Andrade, Arquivo IEB-USP. A passagem a que alude o escritor está em: PLATÃO, "Crítias". In: PLATÃO. *Timeu-Crítias*. Tradução do grego, introdução e notas: Rodolfo Lopes. Coimbra: Centro de Estudos Clássicos e Humanísticos, 2011, p. 230-231.

versículo do evangelho de S. Lucas[15] (observe-se que, mais ou menos na mesma época, e remontando, também, à Idade Média europeia, Câmara Cascudo afirmaria que os marcos seriam "evidentes reminiscências", trazidas por uma "memória inconsciente" e ancestral, dos castelos de amor (*Minneburg*), "palácios imaginários povoados por mulheres que se defendiam jogando rosas").[16] Assim, aparentemente, Mário de Andrade trabalhava com a hipótese de haver um fundo religioso subjacente ao marco. Foi este, com efeito, o caminho que lhe pareceu mais fecundo no tocante à sua compreensão: em outras anotações, a concepção da alegoria de um *castelo da alma*, presente em Santa Teresa D'Ávila, ou simplesmente de um castelo como *morada de Deus* foi relacionada, por ele, ao marco, em três leituras diferentes: nas *Noções de história das literaturas*, de Manuel Bandeira;[17] em uma quadra de poesia popular, constante de um artigo

---

15 "[...] Conheço dele apenas os minusculos trechos publicados por 560, 46 e ss., e que são o início do livro [...] '... quero emssinar a todos e a todas fundar de seos coraçõoes hum castello tam forte contra seos imijgos e tam fremoso e tam bem guarnido de dentro, que o do que rrey Jesu Christo, verdadeiro esposo das santas almas, se contente e aja prazer de morar em ell [...]'" ANDRADE, M. de. [Notas de Pesquisa]. Pasta Cantos de Guerra, Código: MA-MMA-024-050/51, Fundo Mário de Andrade, Arquivo IEB-USP. Na verdade, a obra portuguesa é em parte uma tradução de escritos de um monge cartuxo francês, do final do século XIV, podendo também ser vista como uma "versão portuguesa dos denominados Tratados Cartusianos". *Castelo perigoso*. Edição crítica de Elsa Maria Branco da Silva. Lisboa: Edições Colibri, 2001, p. 15-19.

16 "[...] A ideia do cantador criar sua fortaleza em estilo feudal, lembra que a memória inconsciente lhe trouxe os velhos artifícios de seus ancestrais." CASCUDO, L. da C. *Vaqueiros e cantadores*. Belo Horizonte, Itatiaia / São Paulo: Edusp, 1984, p. 198, nota 46.

17 "Santa Teresa escreveu em verso e em prosa. A sua poesia, é, na forma, de cunho tradicional – quintilhas em redondilhas e vilancicos à maneira popular, e une a grande simplicidade de forma fundo sentimento religioso; suas obras em prosa compreendem uma autobiografia, escrita a mandado de seu confessor, onde há passos de alta poesia, *El castillo interior o las moradas*, em que se encontra uma teoria completa da oração e uma classificação dos estados psicológicos (as 'moradas' são os sete graus de oração, através dos quais penetramos em nós mesmos até chegar ao 'castelo interior' onde encontramos Deus), o *Libro de las relaciones*, sobre os favores espirituais obtidos de Deus, o *Libro de las fundaciones*, história da fundação de dezoito conventos, e o *Camino de perfección*, conselhos para as monjas do primeiro convento fundado." A passagem foi destacada, a partir da citação da obra de Santa Teresa, por Mário

sobre a dança de São Gonçalo, publicado por Marciano Santos na *Revista do Arquivo Municipal de São Paulo*, em 1937;[18] e no livro *A poesia afro-brasileira*, de Roger Bastide (1943).

Esta última referência nos parece bastante instigante, embora Mário de Andrade pareça não ter tido elementos para se dar conta do seu significado. Com efeito, sua anotação no livro de Bastide diz respeito, especificamente, a Santa Teresa D'Ávila. A nota era tomada em um capítulo do livro em que Bastide tratava de um poeta mais ou menos contemporâneo dos cantadores e poetas que abordaremos neste trabalho, o catarinense Cruz e Sousa (1861-1898). O estudo de Bastide destinava-se a situá-lo, enquanto poeta afrobrasileiro, no panorama geral da poesia simbolista, mas contrapunha o pensamento desta última à tendência alegórica presente na poesia medieval e do começo do século XVI, em que se insere *O castelo interior ou as moradas*, de Santa Teresa.[19] Em suas notas, Mário de Andrade destacou "Os 'castelos interiores da alma' dos místicos", assinalando uma passagem do livro em que Bastide justamente ressaltava a alegoria como figura dominante no livro de Santa Teresa.[20] Como indicação de que Mário pensava em seguir a pista de uma interpretação do caráter religioso do marco, mas possivelmente não especificamente ligado às cosmologias africanas, está o seguinte comentário contido na mesma nota:

---

de Andrade, tendo ele inserido a seguinte marginália: "Marco (nota pra meu uso)":]. BANDEIRA, M. *Noções de história das literaturas*. São Paulo: Nacional, 1940, p. 142. Coleção Mário de Andrade, Biblioteca-IEB-USP. Ver também JESUS, S. T. *Castelo interior ou moradas*. São Paulo: Paulus, 2006.

18 "Marco de cantador / Esboço disso é já o castelo no céu, que se vê numa quadra tradicional (n. 13º) da Dansa de S. Gonçalo. Rev. do Arquivo por Marciano Santos". ANDRADE, M. de. [Notas de Pesquisa]. Pasta Cantos de Guerra, Código: MA-MMA-024-043, Fundo Mário de Andrade, Arquivo IEB-USP. A nota diz respeito à seguinte quadra: "Lá no céo tem um castelo/ Feito de mil maravilhas/ Onde está o menino Deus/ Filho da virge Maria" SANTOS, M. "A dansa de São Gonçalo". *Revista do Arquivo Municipal de São Paulo*, São Paulo, v. XXXIII, Ano III, março/1937, p. 87-116.

19 BASTIDE, R. *A poesia afro-brasileira*. São Paulo: Martins, 1943, p. 109-128. Coleção Mário de Andrade, Biblioteca IEB-USP.

20 *Idem*, p. 111.

> Não dirá ele [Bastide] nada do assunto nos livros religiosos dele? Se não dá, perguntar a ele.[21]

Não conhecemos os desdobramentos dessa projetada interlocução, não havendo, aparentemente, dela mais evidências na pasta "Cantos de Guerra". Não obstante, parece-nos importante perseguir mais a fundo a pista da referência ao livro de Bastide. Nele, era apresentada uma série de elementos que apontavam para a necessidade de se considerar a situação social dos poetas afrobrasileiros para a avaliação de sua poesia, bem como daquilo que traziam em termos das cosmologias africanas. Nas análises constantes do livro, obstáculos sociais em alguma medida similares aos encontrados pelos cantadores e poetas negros que abordaremos neste trabalho eram tematizados, como se vê, por exemplo, no estudo do modo peculiar como a poesia de Cruz e Sousa, tão radicalmente diversa daquela que aqui examinaremos, transfigurou o racismo com que se confrontou.[22] Além disso, a análise bastidiana da obra de Cruz e Sousa nos coloca diante de um poema em prosa de particular relevância se pensamos em um possível diálogo entre o poeta simbolista e os cantadores e poetas que cultivaram a tópica e o gênero do marco. Trata-se de "Emparedado", última peça do livro *Evocações*, publicado logo após a morte do escritor, em 1898:

> [...] Artista! Pode lá isso ser se tu és d'África, tórrida e bárbara, devorada insaciavelmente pelo deserto, tumultuando de matas bravias, arrastada sangrando no lodo das Civilizações despóticas, torvamente amamentada com o leite amargo e venenoso da Angústia! A África arrebatada nos ciclones torvelinhantes das Impiedades supremas, das Blasfêmias absolutas, gemendo, rugindo, bramando no caos feroz, hórrido, das profundas selvas brutas, a sua formidável Dilaceração humana! A África laocoôntica, alma de trevas e de chamas, fecundada no Sol e na Noite, errantemente tempestuosa como a alma espiritualizada e tantálica da Rússia, gerada no Degredo e na Neve — pólo branco e pólo negro da Dor!
>
> [...] Não! Não! Não! Não transporás os pórticos milenários da vasta edificação do Mundo, porque atrás de ti e adiante de

21 ANDRADE, M. de. [Notas de Pesquisa]. Pasta Cantos de Guerra, Código: MA-M-MA-024-046, Fundo Mário de Andrade, Arquivo IEB-USP.

22 BASTIDE, R., *Op. Cit.*, p. 87-128.

> ti não sei quantas gerações foram acumulando, acumulando pedra sobre pedra, pedra sobre pedra, que para aí estás agora o verdadeiro emparedado de uma raça.
>
> Se caminhares para a direita baterás e esbarrarás ansioso, aflito, numa parede horrendamente incomensurável de Egoísmos e Preconceitos! Se caminhares para a esquerda, outra parede, de Ciências e Críticas, mais alta do que a primeira, te mergulhará profundamente no espanto! Se caminhares para a frente, ainda nova parede, feita de Despeitos e Impotências, tremenda, de granito, broncamente se elevará ao alto! Se caminhares, enfim, para trás, ah! ainda, uma derradeira parede, fechando tudo, fechando tudo — horrível! — parede de Imbecilidade e Ignorância, te deixará num frio espasmo de terror absoluto...
>
> E, mais pedras, mais pedras se sobreporão às pedras já acumuladas, mais pedras, mais pedras... Pedras destas odiosas, caricatas e fatigantes Civilizações e Sociedades... Mais pedras, mais pedras! E as estranhas paredes hão de subir, — longas, negras, terríficas! Hão de subir, subir, subir mudas, silenciosas, até às Estrelas, deixando-te para sempre perdidamente alucinado e emparedado dentro do teu Sonho...[23]

Nesse poema, eram assim desnudadas, de forma extremamente erudita, as apropriações racistas de toda a tradição europeia ou eurocêntrica, construída sob a égide da tópica horaciana do *Exigi monumentum*, pelos discursos hegemônicos das classes dirigentes do final do século XIX. Cruz e Sousa apontava para o fato de que os mesmos ajudavam a compor uma *muralha gigantesca*, destinada a barrar a ascensão social e o reconhecimento humano das populações escravizadas ou recém libertas e, também, por consequência, de suas manifestações culturais (entre estas, e ainda que certamente sem seguir o universo de referências do escritor, poderíamos incluir algumas formas da cantoria e, em parte, aspectos da própria literatura de folhetos).

Veremos, ao longo deste trabalho, que as disputas em torno do gênero do marco nos mostram que tais questões se colocaram

---

23 CRUZ E SOUSA, João da. "Emparedado". In: ANDRADE MURICY (org.). *Obra completa*. Rio de Janeiro: Nova Aguilar, 2000, p. 658-673. Ver também RIGHI, V. J. *O poeta emparedado: tragédia social em Cruz e Sousa*. Dissertação (Mestrado em Literatura Brasileira) – Depto. de Teoria Literária e Literaturas da UnB, Brasília, 2006.

explicitamente não apenas na alegoria construída por Cruz e Sousa, ou ainda, em outros termos, nos dilemas enfrentados por outros poetas, eruditos ou populares, afrobrasileiros,[24] mas também, de forma clara, na poesia e na performance de alguns cantadores e poetas populares do "norte" do Brasil, que chegaram mesmo, como no caso de Joaquim Francisco Santana, a travar uma verdadeira *guerra alegórica* para romper tais grilhões – os quais também se impunham, de forma peculiar, em meio ao processo de constituição do campo da literatura de folhetos e dos espaços rituais da cantoria.

Os dicionários mais antigos da língua portuguesa registram a palavra "marco" no sentido de uma pedra que demarca *a propriedade ou o limite* de um território. Com efeito, no dicionário de Raphael Bluteau (*Vocabulario português e latino*, 1716), o verbete "marco" identifica, além de um "termo de moeda", uma

> Pedra, ou qualquer outro final artificial, ou natural, que serve para separar um campo de outro. Antigamente havia duas castas de marcos, em uns se escrevia o nome do proprietario, os outros eram pedras nuas, como ainda hoje se usa, e se chamavam, *Lapides muti*. Numa Pompilio foi o que mandou limitar com marcos as herdades, com grandes penas para quem os mudasse, se ordenou, que adorassem ao Deus Termino, que presidia nos limites, e demarcações dos territorios. Marco. *Terminus, i. Masc.Cic. Lapis terminalis. Limes, itis. Masc. Virgil. Ovid. Vid.* Limite. (Está posto o marco na Ilha dos Lobos. Vasconc. Noticias do Brasil, pag. 21. e na pag. 18 diz o mesmo Autor, que esta linha fosse marco do que havia de conquistar. *Vid.* Demarcação. *Vid.* Limite.[25]

Um tipo de marco bastante utilizado pelos colonizadores portugueses para evidenciar a sua soberania sobre os territórios conquistados ou "descobertos" era, como se sabe, por eles denominado "padrão" – uma lápide de pedra com os símbolos da Coroa portuguesa. No Brasil, um

24 Vide, por exemplo, o trabalho clássico de CAMARGO, O. de. *O negro escrito. Apontamentos sobre a presença do negro na literatura brasileira.* São Paulo: Secretaria de Estado da Cultura, 1987.

25 BLUTEAU, Padre D. Rafael. *Vocabulario portuguez e latino.* Coimbra: Collegio das Artes da Companhia de Jesu, 1716, v. 5, p. 327-328.

exemplo célebre é o chamado "Marco do Descobrimento", do começo do século XVI, transformado, ao longo dos séculos, em um dos monumentos de fundação do país, parte do conjunto arquitetônico e paisagístico de Porto Seguro, tombado pelo IPHAN desde os anos 1970. Ainda que o gênero do marco possa ter dialogado com os "padrões" e outros monumentos (fortes, fortalezas, igrejas etc.), deixados pelos colonizadores não só portugueses mas também holandeses, ou ainda, como é muito provável, com seu próprio *processo de monumentalização*, interessa-nos, sobretudo, salientar o sentido mais geral do marco como algo sinalizando um *limite* e um *domínio*. Tal sentido transmutou-se, na cantoria e no gênero literário, passando a uma construção imaginária, de um lado, visualizada, como vimos, como um lugar físico, e, de outro, identificada com abstrações tais como o "saber", a "sabedoria" e o próprio "pensamento".

Mas a noção de *domínio*, no sentido estrito de propriedade, foi mantida.[26] Tal noção representa, no marco como tópica e (sub)gênero da cantoria e da peleja, o *domínio autoral* e muito particular da intenção criadora de um poeta, e não o território comum de uma construção coletiva (embora, evidentemente, também o seja). Manuela Carneiro da Cunha vem observando que é comum se pensar que as produções indígenas sejam coletivas, partindo-se, porém, da falsa premissa de que não seria possível existir, em sociedades "tradicionais", a noção de propriedade intelectual.[27] Nada de tão rígido parece acontecer com a literatura de folhetos "nordestina",[28] na medida em que mesmo estudos mais antigos procuram vislumbrar os espaços e as especificidades de seus

---

26 Ver também as seguintes considerações de Mário de Andrade: "Fortaleza de cantador"/ Isso vem da noção vaidosa de ser invencivel no bairro em que mora. D'ai aliás a substituição da idea metaforica de fortaleza por *marco*, limites. A noção de domínio no lugar é íntima. João Canário diz a José Torres (folheto 67):
'Tem que mostrar passaporte/ O sr. não me convence/ Tem licença do Canario/ Citar lei aqui não pense/ Precisa que você saiba/ *Que Sergipe me pertence*.'" ANDRADE, M. de. [Notas de Pesquisa]. Pasta Cantos de Guerra, Código: MA-MMA-024-037, Fundo Mário de Andrade, Arquivo IEB-USP. [grifos de Mário de Andrade].

27 CUNHA, M. C. *Cultura com aspas e outros ensaios*. São Paulo: CosacNaify, 2010.

28 Leve-se em conta que a ideia de "Nordeste", enquanto feixe de recorrências discursivas e imagéticas que remeteria a um espaço supostamente homogêneo, não estava,

processos de criação ou adaptação,[29] abordando, ademais, as espinhosas lutas em torno dos direitos autorais.[30] No entanto, convém observar que a imagem um tanto homogênea de uma produção que repete com poucas variações determinados esquemas talvez deixe pouco espaço para que se considerem também as suas heterogeneidades, justo como os conflitos que possivelmente decorriam do pouco reconhecimento da autoria dos poetas pelo seu público e mesmo pelo *establishment* literário. E, nesse sentido, o marco parece ter sido um dos lugares da literatura de folhetos em que mais se permitiram ou que mais reivindicaram a expressão da voz individual e das extravagâncias imaginativas de um cantador ou poeta.

É evidente, porém, que essa voz individual, se considerada de um outro ponto de vista, é também uma voz coletiva, podendo ter, portanto, ressonâncias de caráter épico. Isso nos leva a considerar a hipótese da presença de um *nós* transfigurado em *eu* – o que pode nos conduzir, conforme o caso, a colocar o marco sob o prisma de uma possível afinidade em relação a cosmologias africanas nas quais, por exemplo, o sistema de propriedade da terra era inalienável, indivisível e intrinsecamente coletivo.[31]

É também importante observar que a noção de *limite* preservou-se, no gênero, ao mesmo tempo em que se transformou, na medida em que o marco, conquanto limite implicando o contorno de uma propriedade, é além disso um tipo muito especial de limite a partir do qual podem *perder-*

---

na virada do século XIX para o século XX, estabelecida. Ver ALBUQUERQUE JÚNIOR, D. M. de, *Op. Cit.*

29 FERREIRA, J. P. *Cavalaria...*, *Op. Cit.*; PELOSO, S. O *canto e a memória: história e utopia no imaginário popular brasileiro.* Trad. Sonia Netto Salomão. *São Paulo, Ática, 1996.*

30 TERRA, R., *Op. Cit.*; MELO, R. A. de. *Arcanos do verso: trajetórias da literatura de cordel.* Rio de Janeiro: 7 Letras, 2010; RIAUDEL, M. "Literatura de cordel e valorização digital: o direito de propriedade em questão". *Revista do Instituto de Estudos Brasileiros*, São Paulo, 2019, no prelo.

31 "The clan possesses lands in title of occupation and of use, i.e., to live on it and for it. The right of occupation and the right of use belong, not to the chief of the clan but to the entire collectivity." FU-KIAU, K. K. B. *African cosmology of the Bântu-Kôngo: tying the spiritual knot. Principles of life & living.* Nova Iorque: Athelia Henrietta Press, 2001, p. 65-66.

se todos os limites. Isso significa que o marco é, sobretudo, poder criador que se irradia, alcançando "fama" e reconhecimento universal. Mais do que isso, pretende ser a síntese da natureza e da cultura, do bom governo e da ciência (por vezes, um pouco ao modo das *Enciclopédias* e das *Exposições Universais*,[32] tão em evidência no contexto de finais do século XIX e das primeiras décadas do século XX), do bem e do mal, do inferno e do céu – abrangendo, ainda, outros mistérios, magias e milagres. Ora, tal concepção nos parece poder ser colocada também sob o prisma da mundividência afro, conforme nos ensina A. Hampaté Bâ: não nos parece longe, assim, de uma tradição oral que recupera e relaciona todos os aspectos da vida, na qual o espiritual e o material não estão dissociados, e que é, ao mesmo tempo, religião, conhecimento, ciência natural, iniciação à arte, história, divertimento e recreação, todo pormenor permitindo "remontar à Unidade primordial".[33] Nesse sentido, o universo do marco, em que se misturam, de um lado, elementos como onças, gigantes, abutres, lagoas encantadas e rituais de magia; e, de outro, sabedorias relativas à vida e à natureza, bem como tecnologias bélicas e construtivas, poderia ser visto, também, como revelador dessa concepção unitária do mundo.

Seja como for, tamanho poder emanaria, segundo parte dos cantadores e poetas, de forma direta e exclusiva, do poder de Deus[34] (no

---

32 Vide ATHAYDE, J. M. de. "O marco do meio mundo". Recife: SL, 1930 [1916-1917?]. Código: AA4975 e AA4976, Biblioteca de Obras Raras Átila Almeida (doravante referida apenas como Biblioteca Átila Almeida), UEPB.

33 HAMPATÉ BÂ, A. "A tradição viva". In: KI-ZERBO, J. (org.). *História geral da África I. Metodologia e pré-história da África*. 2ª. ed. rev. Brasília: UNESCO, 2010, p. 169. [p. 167-214].

34 Embora haja outras tradições religiosas africanas atuantes no Brasil, é oportuno evocar as palavras de um estudioso da cultura banto, para sugerir a necessidade do estudo do universo de referências afro em possível diálogo com os conceitos e características básicos do marco: "Segundo a tradição religiosa banto, a vida é sustentada por um Ser Supremo que reina sobre o universo e sobre os homens de modo distante, porém benéfico. Todos os povos que compartilhavam a cosmovisão banto acreditavam em um deus único, supremo e criador, chamado de Kalunga, Zambi, Lessa ou Mvidie, entre outros nomes, de acordo com o grupo étnico específico e com os atributos que se pretendia destacar nessa divindade, como a totalidade da vida, a superação de tudo em todos, a força e a inteligência. Segundo essa crença, após a

que eram reproduzidas, em termos gerais, concepções muito antigas de arte, ou provenientes de tradições orais). No entanto, os marcos parecem às vezes pretender igualar o poder divino; chegando Leandro Gomes de Barros a fazer seu "Marco brasileiro" causar admiração e espanto ao próprio Jeová:

Um dia que Geohovah
visitou este jardim,
viu jarros feitos de nuvens
com muitas rosas e jasmim,
perguntou ao jardineiro:
- Quem foi que fez isto assim?...

Estas tão garbozas flores
que tem aqui nestes jarros?
disse um dos operarios
que trabalhava nuns carros
- Isso é do velho poeta
Leandro Gomes de Barros...[35]

---

criação do mundo, o Ser Supremo se distanciou dele, entregando sua administração aos ancestrais fundadores de linhagens, seus filhos divinizados. Por ser um deus distante, ele quase não recebia culto ou adoração, nem era representado por imagens. Apesar disso, conservava a dinâmica e a ordem do cosmo, mantendo o mundo unido. [...] DAIBERT, R. "A religião dos bantos: novas leituras sobre o calundu no Brasil colonial". *Estudos históricos*, Rio de Janeiro, no 55, v. 28, jan.-jun. 2015. p. 11.

35 BARROS, L. G. de. "O marco brasileiro e as aventuras de um bandoleiro". SL: SN, sd, p. 8. Código: FRC3521, Fundo Raymond Cantel, Universidade de Poitiers. Ver também BARROS, L. G. "O marco brasileiro". In: ALMEIDA, A.; SOBRINHO, J. A. (orgs.), *Op. Cit.*, p. 72-77. Fica subentendido, ademais, nesse marco, que o sobrenome do poeta estaria ligado ao próprio "barro da criação": "Tem alli dois quadros grandes/ que chamam tudo attenção/ com o retracto de Deus/ quando fez a creação/ *Geovah amassando barro*/ no dia que fez Adão." BARROS, L. G. de. "O marco brasileiro e as aventuras...", *Op. Cit.*, p. 6; BARROS, L. G. de. "O marco brasileiro", *Op. Cit.*, p. 76.

Embora o momento exato de seu nascimento seja obscuro,[36] o marco surgiu muito provavelmente, como já notamos, no ambiente das cantorias, antes do início do período de impressão sistemática dos folhetos de cordel, no final do século XIX.[37] Do período colonial até o começo do século XX, as cantorias tiveram, possivelmente, muitas formas específicas. Foram realizadas, porém, de modo talvez mais semelhante a seu formato "atual",[38] a partir de meados do século XIX, em grande parte sob o patrocínio de fazendeiros e outras figuras de poder[39]– o que, significativamente, não é de todo incompatível com a situação dos *griots* ou *Dieli* (os quais, todavia, nada têm de cativos) em algumas regiões da África[40] –, como no caso célebre do desafio do cantador escravizado Inácio da Catingueira com o cantador mestiço e bastardo Francisco Romano (desafio que, como veremos, foi tematizado em pelejas do início do século XX nas quais a imagem de um castelo

36 Para uma discussão ver ALMEIDA, A.; Sobrinho, J. A. (orgs.), *Op. Cit.*, p. 11-17.

37 "Uma tradição que reaparece nos cantadores sertanejos é a citação dos 'marcos', 'fortes', 'lagoas', 'castelos', obras irriçadas de dificuldades, alçapões, ferros, bichos ferozes, marimbondos, venenos, gigantes antropófagos, serpentes infinitas, raios, trovoadas, represas que se abrem ao contato de mãos estranhas, subterrâneos povoados de mistérios. Cada cantador construiu seu 'marco' ou seu 'castelo', seu 'forte' ou sua 'lagoa' e o descreve minuciosamente ao adversário, multiplicando os óbices semeados. O contendor, sem mudar o ritmo do canto, é obrigado a ir abatendo aquela construção ciclópica, matando feras e desviando rios, destroçando gigantes e achatando montanhas, erguidas ao aceno do poeta analfabeto." CASCUDO, L. da C., *Op. Cit.*, p. 198.

38 Ver, entre outros, SAUTCHUK, João Miguel. *A poética do improviso: prática e habilidade no repente nordestino*. Brasília: Editora da Universidade de Brasília, 2012.

39 "Estes cantadores apresentavam-se nas casas-grandes das fazendas ou em residências urbanas, em festejos privados ou em grandes festas públicas e feiras. Alguns permaneciam nos locais em que residiam – suas 'ribeiras' – aguardando a chegada de um oponente; outros percorriam o sertão, cantando versos próprios ou alheios, apresentando-se em duplas.[...]". ABREU, M. *Histórias de cordéis e folhetos*. Campinas: Mercado de Letras / ALB, 2006, p. 75.

40 "[...] Do ponto de vista econômico, portanto, a casta dos *Dieli* [...] é dependente da sociedade, especialmente das classes nobres." HAMPATÉ BÂ, *Op. Cit.*, p. 199.

ou fortaleza foi utilizada),[41] e envolvendo um espaço ritual de interação e negociação entre público, patrocinadores e cantadores – negros ou "brancos", livres ou escravizados.[42]

Nesse sentido, não admira que um dos poemas publicados por Francisco das Chagas Batista em 1929 e, anos depois, "completado" por Almeida e Sobrinho, tenha sido um marco cuja autoria foi atribuída a um cantador negro, Joaquim Francisco Santana;[43] ou que o folclorista Leonardo Mota, em seu *Violeiros do Norte* (1925), tenha transcrito um pequeno marco do cantador paraibano Severino Perigo, descrito por ele como "um preto de uns quarenta e cinco anos",[44] e que revelava um *grande entusiasmo por Inácio da Catingueira.*[45] Na coletânea organizada por Chagas Batista, outros poemas evocavam o universo do marco, mesclado ao ambiente da escravidão ou de sua recente abolição, como a peleja entre Manuel Cabeceira (cantador que teria sido também um bom "caçador de escravos fugidos") e Manuel Caetano (grande cantador negro, que parece ter obtido sua liberdade através do canto), na qual o assunto da escravidão e da cor esteve no centro das trocas e insultos poéticos, trazendo também, de forma clara, os conceitos dominantes do gênero (mando; propriedade; demarcação territorial; liberdade; criação poética);[46] ou ainda a peleja entre Antonio Corrêa Bastos e João Benedicto, na qual foi trabalhada a imagem de uma fortaleza/marco, e cujo universo de ameaças/punições

---

41 Ver CASCUDO, L. da C., *Op. Cit.*; LESSA, O., *Op. Cit.*; LEWIN, L., *Op. Cit.*; SANTOS, I. M. F. dos, *Op. Cit.*, p. 117-118.

42 Ver TRAVASSOS, E., *Op. Cit.*

43 Ver SANTANA, J. F. "A defeza da Lagoa". In: BATISTA, F. das C. *Cantadores e poetas populares*. Parahyba: Editor F. C. Baptista Irmão/Typographia da 'Popular Editora', 1929, p. 143-149; ________. *Cantadores e poetas populares*. João Pessoa: Editora Universitária UFPB/ Conselho Estadual de Cultura, 1997, p. 130-135]. Além da transcrição de "A defeza da Lagoa", ver "A Fortaleza que levantei dentro de uma lagoa" em ALMEIDA, A.; SOBRINHO, J. A. (orgs.), *Op. Cit.*, p. 35-45.

44 MOTA, L. *Violeiros do norte*. Fortaleza: Imprensa Universitária do Ceará, 1962./São Paulo: Monteiro Lobato, 1925, p. 108.

45 *Ibidem*, p. 116.

46 Ver BATISTA, F. das C., *Op. Cit.* [1ª ed.], p. 89-95.

lembra tanto a escravidão como o "inferno".[47] É também significativo que um dos marcos tidos como mais antigos seja de autoria do cearense Neco Martins, um "fazendeiro-cantador" célebre por seus desafios com a cantadora mulata Chica Barrosa.[48]

O universo das cantadoras e cantadores negros e a presença africana ou afrobrasileira no momento de constituição da literatura de folhetos brasileira vêm sendo, a propósito, e como já observamos, temas levantados e revisados recentemente pelos estudiosos, que têm investigado não só a sua importância numérica como sua influência. De fato, são conhecidas as formulações que veem a literatura de folhetos brasileira como um desenvolvimento masculino a partir de matrizes europeias; mas as tentativas de enxergar as outras fontes e contextos dessa literatura – femininas, africanas e indígenas, assim como ligadas aos hibridismos locais – parecem propor enigmas cada vez mais instigantes.[49] No entanto, se, além da existência de marcos produzidos por cantadores e poetas negros, a memória presente seja nas "transcrições" dos

---

47 "[...] *A. C.* Benedicto, eu fiz um forte/ Guarnecendo esta cidade,/ Onde ha perigos enormes/ Com grande rigoridade,/ Aqui prendo cantadores,/ Sem escolher qualidade./ *J. B.* Antonio, eu nunca encontrei/ Forte que eu não destruisse,/ Nem pezo que eu não erguesse/ Perigo que eu não investisse,/ Nem cantador de seu geito/ Que uma hora me resistisse./ *A.C.* O forte ninguem derriba,/ Que eu fiz muito seguro;/ Em largura tem cem braças,/ Só a parede do muro;/ Fiz assim por segurança,/ Prevenindo o meu futuro./[...] *A. C.* A estrada do sertão/ Que atravessa o Sanhauá./ Cantador que se atrever/ Passar p'ra o lado de cá,/ Cae nas unhas de um gigante./ Que o lipuida mesmo lá./ [...] Se você escapar desse perigo,/ E vier atacar de frente a mim,/ De uma forma ou de outra leva fim,/ Porque tem de encontrar outro castigo;/ Um carcere escuro muito antigo,/ Ficará lhe servindo de prisão;/ Logo ahi perde a sua pretenção/ E começa na vida o seu soffrer,/ E, se acaso tardares a morrer,/ E's lançado nas chammas de um vulcão./ [...]" *Ibidem*, p. 243-244; 242-245.

48 Ver MOTA, L. *Cantadores*. 4ª ed. Rio de Janeiro: Livraria Editora Cátedra/INL, 1976; *Neco Martins*. São Paulo: Hedra, 2001 (Biblioteca de Cordel); MEDEIROS, I. *Chica Barrosa, a rainha negra do repente*. João Pessoa: Idéia, 2009.

49 Dentre outros, Lewin, L., *Op. Cit.*; ANTONACCI, M. A., *Op. Cit.*; GOMES, G., *Op. Cit.*; PEREIRA DOS SANTOS, F., *Op. Cit.*; ALVES SANTOS, L. A. "Inácio da Catingueira...", *Op. Cit.*, p. 1-8; CAVIGNAC, J. *A literatura de cordel no nordeste do Brasil: da história escrita ao relato oral*. Natal: Ed. da UFRN, 2006, 363 p.

folcloristas, seja na literatura de folhetos (em pelejas, sobretudo) aponta para uma possível conexão entre a temática dos marcos e o universo da sociedade escravista (que já havia sido sugerida, conquanto num plano ficcional, por Ariano Suassuna,[50] tendo sido seguida, anos depois, por Antonio Nóbrega),[51] tal conexão foi completamente ignorada, até hoje, pelos vários e importantes estudos que abordaram a questão do negro na literatura de cordel e na cantoria, por autores como Clóvis Moura, Orígenes Lessa, Olga Santos, Marilena Vianna, Francisca Pereira dos Santos, Germana Gomes, Maria Antonieta Antonacci e Linda Lewin.

Refletindo sobre as relações entre forma poética e estrutura social, é possível imaginar que, com sua origem no ambiente das cantorias, estruturadas, em grande parte, pela instituição da escravidão – que impunha regras, restrições ou, no mínimo, constrangimentos à *mobilidade* de qualquer pessoa afrodescendente – bem como pela propriedade rural e patriarcal, a tópica e o gênero do marco tenham aderido de forma mais decisiva à imagem da construção de um domínio, de uma propriedade magnífica e mágica que se estende por um território, tomando dele justamente seu símbolo máximo – a pedra (ou a madeira, ou a água etc.) –, situado em *uma fronteira* (limite), ou seja, em uma região de intercâmbio, de troca, de exibição, de diálogo, de luta (lembre-se que, até as primeiras décadas do século XX, as terras do "norte" do Brasil não possuíam cercas).[52] Por outro lado, é fácil perceber que tal propriedade imaginária poderia assumir, também, simbolicamente, tanto o significado utópico[53]

---

50 SUASSUNA, A., *Op. Cit.*, p. 150-155.

51 Vide por exemplo NÓBREGA, A. "Zumbi". In: ________. *O marco do meio-dia.* São Paulo: Tratore, 2000 (CD).

52 PRADO Jr., C. *Formação do Brasil contemporâneo.* São Paulo: Martins, 1942, p. 194-195; CASCUDO, L. da C., *Op. Cit.*, p. 108-109.

53 Terra destaca a dimensão utópica dos marcos (TERRA, R., *Op. Cit.*, p. 65-66). Mário de Andrade, em suas anotações, também o faz: "Marco de Cantador / 'É caminho de meu roçado'/ Notar que o cantador é um sonhador duma abundância que a pobreza de língua impede de manifestar nos romances, a não ser raramente. Vive noutros mundos milhores de sonho, criado pelas omissões e sequestros. O sonho de grandeza feliz, abundância, fartura e vitória, estão no entanto eternisados no roçado, no marco e na fortaleza que ele descreve com uma exorbitância loquaz de grandezas.

de um domínio que lhe era alternativo, o dos *quilombos*,[54] como ainda o de um *poder criador* que se queria, de algum modo, reconhecido por uma sociedade alicerçada na propriedade rural e de populações escravizadas. Argumentaremos, neste trabalho, que o marco e, na verdade, a própria cantoria podiam dizer respeito a territórios imaginários que se haviam construído em meio à ritualização de uma zona de conflito e negociação com os poderes dominantes, falando, portanto, dos embates em torno do bem de valor mais alto em uma sociedade escravista, recém-egressa da escravidão ou mesmo em qualquer sociedade: *a liberdade*.

Que figurações teria assumido tal "bem" nesse gênero poético tão peculiar? Apesar de ter sido construído por vezes como cidade, o universo rural dominou grande parte das principais imagens utilizadas nos marcos em seu período inicial. Assim, para a compreensão da construção de um marco em uma "lagoa" – caso dos marcos de Joaquim Francisco Santana –, é preciso lembrar que uma das grandes fontes de poder era o controle não apenas ou simplesmente da terra, mas sim *dos olhos e vertentes d'água*,[55] algo também fundamental, evidentemente, para a sobrevivência dos quilombos. Da mesma forma, o boi insubmisso no célebre poema

Descrição de roçado de cantador tenho uma n. 59-VI-147. (Citar todos ou as estrofes milhores)./ Daí passar pras fortalezas e marcos no assunto [SIC]. ANDRADE, M. de. [Notas de Pesquisa]. Pasta Cantos de Guerra, Código: MA-MMA-024-048, Fundo Mário de Andrade, Arquivo IEB-USP.

54 "Então, sob protesto de Samuel, mas contando com meu voto favorável, Clemente tirou do bolso interno do paletó a maçaroca de papéis e começou a narrar. Contou como, no século XVII, os Negros, maltratados pelos Senhores, tinham começado a fugir para a pedregosa 'Serra da Barriga', onde se afortalezaram. Os Senhores começaram a ver naquilo uma ameaça, principalmente porque, dizia Clemente, 'a base da sociedade, nos Palmares, era coletivista, socialista.' E vinha o reinado de Gangazuma, e depois o de Zumbi, o maior de todos os Reis Negros. Clemente contava o himeneu de Zumbi com a bela negra Mussala, logo após ser o grande Negro coroado e ungido pelo Ladane, o Sacerdote. Aí, os brancos, divididos em Paulistas e Nordestinos, realizavam vários assaltos, todos repelidos. [....]" SUASSUNA, A., *Op. Cit.*, p. 150. Ver também Nóbrega, A., *Op. Cit.*

55 Ver DANTAS, M. D. *Fronteiras movediças: a comarca de Itapicuru e a Formação do Arraial de Canudos (relações sociais na Bahia do século XIX)*. São Paulo: Hucitec/ Fapesp, 2007.

oral "O Rabicho da Geralda", "refundido" e publicado por José de Alencar nos anos 1870 (e transformado por Leandro Gomes de Barros em uma espécie de "demônio negro", em seu também célebre "O boi misterioso")[56] só é morto covardemente a tiros quando, ao ir beber água, percebe-se dentro de um território cercado do qual não consegue sair.[57] (A propósito, um registro de cantoria feito por Câmara Cascudo, em que um cantador negro, Fabião das Queimadas (1848-1928), assume, em primeira pessoa, a voz do boi insubmisso em constante fuga, núcleo narrativo de "O Rabicho da Geralda", sugere o caráter alegórico dessas estórias; Fabião, que tocava rabeca e demonstrava grande orgulho de sua arte, *comprara sua alforria*, além da de sua mãe).[58] Em quase todos os marcos das primeiras décadas do século XX, a água, cujo significado em termos das cosmologias africanas deve ser, dependendo do caso, sem dúvida, explorado, vai de fato aparecer como um elemento central em meio às suas maravilhas, muitas vezes, em plena aridez do sertão – espaço onde a escravidão era, decerto, menos presente, mas que é figurado, por todos, como território de possível fuga e liberdade, real ou imaginária.

Discutiremos, ao longo deste trabalho, outras muitas imagens presentes nos rastros dos marcos cantados ou escritos por poetas e cantadores negros entre finais do século XIX e as primeiras décadas do século seguinte. Ao falarmos das relações entre estrutura social e forma poética, não é demais enfatizar que, nos marcos, a *propriedade* no âmbito da criação, que coexiste com a oralidade e a cultura de fundo coletivo através da *individualidade da performance* (do contador, do cantador etc.), pode ser vista como uma categoria derivada de sua importância como princípio estruturador de

56 BARROS, L. G. de. "O boi mysterioso". Recife: SL, s.d. Código: MA-LPCORDEL, 055, Fundo Mário de Andrade, Arquivo IEB-USP.

57 "O Rabicho da Geralda". In: ROMERO, S. *Folclore brasileiro 1: cantos populares do Brasil*. Ed. anotada por Luís da Câmara Cascudo e ilustrada por Santa Rosa. Rio de Janeiro: José Olympio, 1954, Tomo I, p. 194-201.

58 CASCUDO, L. da C., *Op. Cit.*, p. 110-114; 320. Segundo Cascudo, Fabião teria também *comprado* sua sobrinha, Joaquina Ferreira da Silva, com quem teria se casado. *Ibidem*, p. 320. Ver também ALMEIDA, A. A.; SOBRINHO, J. A. *Dicionário bio-bibliográfico de repentistas e poetas de bancada*. João Pessoa: Editora Universitária, Campina Grande, Centro de Ciências e Tecnologias, 1978, v. 1, p. 238.

toda a sociedade, de todo o poder social (propriedade da terra e dos seres viventes). A propósito, pode-se pensar que, de diferentes formas, tanto para um(a) negro(a) ou mestiço(a) livre como para um indivíduo na condição de escravo, o ser cantador pudesse fosse visto, também, como uma *posse*: qualidade distintiva capaz de transformar, para melhor, em maior ou menor grau, toda a sua vida.[59] Isso não pode ser negligenciado, já que têm sido relatados casos em que escravizados conseguiram sua liberdade aparentemente em reconhecimento ou por intermédio do desenvolvimento de seus "dons" como cantadores – como os de Manuel Caetano, Fabião das Queimadas e outros que mencionaremos adiante.[60] Nesse sentido, no âmbito do marco, é importante observar que cantadores e poetas reivindicaram o reconhecimento de uma voz pessoal relativamente *livre*, tendo pretendido alcançar "fama universal" ou mesmo a própria *liberdade* através da excepcionalidade de *suas* criações (rimas, insultos, imagens etc.), por cuja propriedade e reconhecimento zelaram como ao bem mais precioso possível.

---

59 "Um índice digno de registro é a liberdade do cantador-escravo ausentar-se do trabalho, viver airadamente, batendo-se com os violeiros distantes. O senhor nada cobrava de seus ganhos nem tinha direito a percentagem no rendimento. A inteligência de Inácio da Catingueira e Manuel Caetano deu-lhes a liberdade. Fabião das Queimadas juntou o dinheiro de sua alforria trabalhando livremente". CASCUDO, L. da C., *Op. Cit.*, p. 158. Em relação ao cantador Manuel Caetano, afirma Germana Gomes: "[...] a alforria se deu quando o seu senhor o viu versejar em um desafio nas redondezas de Barra de Santa Rosa-PB. Cantador conhecidíssimo no sertão, este também duelou com um dos repentistas mais perigosos, o Rio Preto". (Gomes, G., *Op. Cit.*, p. 103.) A autora também observa: "Repentistas escravizados como Inácio da Catingueira, Preto Limão, Madapolão, foram alguns desses escravizados que possuíam certas regalias e podiam circular na sociedade escravista vivendo de suas cantorias". (*Ibidem*, p. 42-3.) Destaca, porém, que nada disso eliminava a violência da escravidão (*Ibidem*, p. 112). Observa que o espaço por onde circulou Inácio da Catingueira "estava marcado por uma dualidade, por arranjos peculiares entre esse e o seu proprietário Manoel Luís, e é através desses arranjos que se compreende a liberdade de Inácio da Catingueira tão questionada pelo seu opositor." (*Ibidem*).

60 Referindo-se a Caetano, Chagas Batista nos informa que, "tendo se dedicado a vida de cantador, o seu senhor dera-lhe a carta de alforria", sem precisar a data. BATISTA, F. das C., *Op. Cit.*, p. 95 [nota].

O marco produzido em folhetos muito cedo se diferenciou daquele utilizado como simples tópica em um desafio. Isto porque o marco dos folhetos transfigura, em escala nova, inimaginável no contexto dos duelos presenciais, a dinâmica peculiar dos desafios, que, anunciados às vezes pelos próprios títulos ou subtítulos dos cordéis ("Como derribei o Marco do meio mundo";"Destruição do Marco do meio mundo" etc.), transformam-se em "pelejas" que passam a se desdobrar em um período longo ("monumental") de tempo – *o tempo (e o espaço) da escrita*, e não (ou não tão somente) o das cantorias, performances orais e improvisos. A partir de determinado momento, portanto, o marco não mais alimenta ou se nutre de um desafio cantado, tratando-se, de feito, *de uma outra coisa.*

Destarte, nos marcos dos folhetos, há por vezes intervenções longas, muito pensadas – e, também, "pesadas", como no caso do "Marco paraibano", de José Adão, que contém 555 estrofes[61]–, representando o ápice de uma elaboração solitária, ainda que indique uma (talvez impossível e improvável) performance em desafio, "ao som da viola".[62] Tal elaboração passa a aparecer como uma realização que celebra a descoberta e a (relativa) *libertação* que a escrita e, mais do que ela, o próprio advento da literatura de folhetos possibilitaram em relação ao tradicional contexto de performance das cantorias. Assim, não é por acaso que "O marco brasileiro" (1917?), de Leandro Gomes de Barros, tenha a forma de uma prensa (e não a de uma viola):

A pedra é uma pirâmide,
Tem no pé uma calçada,
É como um fuso de prensa,
Mas a rosca é uma estrada,

61 Ruth Terra considerou o "Marco paraibano" um marco de grande elaboração, que pareceria "ter exaurido esta modalidade poética." TERRA, R. B. L. (org.). *A literatura de folhetos nos Fundos Villa-Lobos. [Antologia] 2ª ed.* São Paulo: Instituto de Estudos Brasileiros - USP, 1981, p. 15; 112-144.

62 Ver ADÃO, J. "Marco parahybano - Obra para cantar ao som da viola, desafiando qualquer outro Marco até hoje conhecido em todo Brazil". Fascículos 1, 3 e 4. Recife: SL, 1921. Códigos: MA-LPCORDEL, 029, 030, 031, Fundo Mário de Andrade, Arquivo IEB-USP.

Em cima onde termina,
Tem uma grande esplanada.[63]

*****

Neste trabalho, procuraremos investigar alguns indícios – presentes, na maior parte, em folhetos de cordel e obras de folcloristas – da relação entre cantadores negros e o universo do marco, de modo a estudar as relações entre este gênero e seu contexto de emergência na sociedade escravista e do imediato pós-Abolição. Saliente-se, desde já, que não se trata de afirmar que cantadores negros criaram o marco – a documentação de que dispomos não nos permite assegurá-lo –, mas sim de especular sobre alguns *dos usos e interpretações* que tais cantadores e seu público a ele deram, a partir de algumas evidências.

Para tanto, nos debruçaremos sobre um material em que há diferentes graus de indecisão entre escrita e oralidade, investigando, inicialmente, a formação de um espaço ritual de interseção entre "negros" e "brancos", em meio à sociedade escravista, no âmbito do universo da cantoria em províncias do chamado norte do Brasil a partir de meados do século XIX. Tal espaço se constituiu em meio à crise da escravidão como instituição, e se articulou, a partir da Abolição, de forma a não favorecer a presença dos cantadores e, ainda mais, das cantadoras afrodescendentes – que, no entanto, continuaram, em parte, atuantes. Aspectos desse processo de exclusão, envolvendo, dentre outros fatores, disputas acirradas pela memória na sociedade, nas obras dos folcloristas e nos folhetos de cordel, serão abordados, no capítulo 1, pela análise dos rastros da trajetória, da performance e da memória do cantador "não profissional" Severino Perigo, registrado em 1925 por Leonardo Mota. Através dessa análise, que busca uma leitura crítica da relação folclorista/informante, procuraremos nos aproximar do contexto em que Perigo teria cantado o seu marco, focalizando, em particular, suas construções simbólicas em torno da defesa do corpo e da voz.

---

63 BARROS, L. G. de. "O marco brasileiro e as aventuras...", *Op. Cit.*, p. 3.

Em seguida, perseguiremos outros usos do marco como tópica e como gênero da cantoria e da literatura de folhetos brasileira entre 1870 e 1930, período entendido como chave para flagrar o modo como as heranças do escravismo (exclusão, racismo, violência etc.) se articularam aos novos tempos republicanos, suscitando uma multiplicidade de práticas de ordem objetiva e subjetiva. Argumentaremos que tais usos abrangeram diferentes estratégias de monumentalização da memória e de afirmação hiperbólica do eu poético, envolvendo cantadores(as) afrodescendentes – escravizados(as), forros(as) ou livres – e "brancos", bem como cordelistas e folcloristas. Para tanto, abordaremos, em particular, as disputas pela memória em torno dos duelos de Inácio da Catingueira e Francisco Romano, de Manuel Caetano e Manuel Cabeceira, e de Chica Barrosa e Neco Martins.

No capítulo seguinte, focalizaremos a atuação do cantador negro Joaquim Francisco Santana no espaço da poesia popular na Paraíba e na Zona da Mata Norte de Pernambuco entre finais do século XIX e começos do século XX. Considerado um exímio cantador em sua época, e assim lembrado posteriormente, Joaquim Sem Fim, como também era conhecido, foi personagem de alguns duelos e pelejas publicados, sob diversas formas, no período. Além disso, parece ter cultivado, de forma particularmente intensa, a tópica e o gênero do marco. O capítulo se concentra tanto na análise das pelejas em que figura o cantador e dos marcos a ele atribuídos, os quais mostram uma relação direta com as lutas que envolveram a presença e a memória dos cantadores negros nos espaços da cantoria e do cordel, como nas questões suscitadas por sua (re)publicação em diferentes contextos.

Por fim, traçaremos alguns paralelismos entre os marcos e um conjunto de folhetos que tematizaram o cangaço no começo do século XX – em especial, aqueles escritos por Francisco das Chagas Batista. Entre outras considerações de ordem mais geral, tal foco nos permitirá vislumbrar, claramente, uma fabricação: a transformação do cantador afrodescendente, de personagem ativo no espaço da cantoria e do cordel, como se vê na trajetória de Joaquim Francisco Santana, em figura demoníaca, criminosa ou de outras formas rebaixada pelos estigmas da cor e da escravidão.

1. Representação gráfica do marco atribuído a Severino Perigo, pela artista Marina Januzzi Nabuco de Araújo (2016).

Vozes, marco: Severino Perigo (1870-1925)[1]

As horas que sou feliz é quando estou residindo nos castelos imaginários.

Carolina Maria de Jesus, *Quarto de despejo*, p. 52

A voz das populações escravizadas e de seus descendentes: a participação negra nos espaços da cantoria

Um dos assuntos mais importantes da história brasileira diz respeito às vozes silenciadas dos grupos dominados. Dessas vozes, algumas das que mais têm recebido a atenção dos historiadores nas últimas décadas são as das populações escravizadas,[2] libertas e seus descendentes durante e depois do período da escravidão. Por intermédio da pesquisa e da crítica documental, os historiadores têm conseguido, mesmo que indiretamente, aproximar-se dessas vozes, contribuindo para a

---

1 Uma primeira versão deste capítulo foi publicada na revista *Literatura e sociedade*, em 2014. IUMATTI, P. T. "Vozes negras na cantoria: o caso de Severino Perigo". *Literatura e sociedade (USP)*, n. 19, 2014, p. 100-116.

2 "A substituição de 'negro', 'preto', 'escravo' por 'trabalhador escravizado', de 'amo', 'senhor-de-escravos', 'escravista' etc., por 'escravizador', restabelece plenamente a conexão histórica entre aquela forma e as formas anteriores e posteriores do produtor direto e de seu explorador. Recompõe o fio de Ariadne que une, na diversidade, todas as formas de exploração do trabalho, no contexto das formas de resistência que ensejaram." CARBONI, F.; MAESTRI, M. *A linguagem escravizada. Língua, história, poder e luta de classes*. 3ª ed. São Paulo: Expressão Popular, 2012, p. 100.

compreensão do ponto de vista desses grupos e de seu papel como *agentes* na história do Brasil.

Nessa vertente, pesquisas recentes têm conseguido, também, desvelar as múltiplas relações entre a população escravizada, africana ou não, e o universo da escrita.[3] Wissenbach, por exemplo, destaca a excepcionalidade dos depoimentos escritos deixados por cativos, como o célebre Tratado de Paz do engenho Santana, de Ilhéus, de finais do século XVIII, descoberto por Stuart Schwartz.[4] Porém, destaca também que, de forma mais esparsa ou diluída, a documentação judiciária (processos criminais e inventários, sobretudo), esquadrinhada à exaustão pela nova historiografia, nos tem trazido registros diretos de cativos e forros que foram réus e testemunhas em processos, encontrando-se nela, transcritos, "fragmentos de linguajares, percepções e visões de mundo particulares".[5]

A autora pondera que, à luz dessa documentação, a historiografia contemporânea tem considerado cada vez mais a importância da diluição das distâncias entre a literatura erudita e o universo de tradições populares. Destarte, na segunda metade do século XIX,

> expressões da cultura escrita que circulavam entre escravos e livres pobres, habitantes da cidade, devem ser entendidas em suas intersecções a outros aspectos da sociabilidade urbana, entre eles a maneira pela qual as notícias se espalhavam entre essas populações, os hábitos de leitura em voz alta, o diz-que-diz, o ouvir falar, as novidades que iam e vinham das cidades em direção às fazendas e vice-versa, propagadas nos novos ritmos trazidos pela estrada de ferro.[6]

Outra autora constata que a busca da leitura e da escrita por livres pobres, africanos e crioulos, escravizados e libertos, é um universo de

---

3 WISSENBACH, M. C. C. "Cartas, procurações, escapulários e patuás: os múltiplos significados da escrita entre escravos e forros na sociedade oitocentista brasileira". *Revista Brasileira de História da Educação*, n. 4, jul./dez. 2012, p. 103-122; Oliveira, K. *Negros e escrita no Brasil do século XIX: sócio-história, edição filológica de documentos e estudos linguísticos.* Tese (Doutorado em Letras) – Universidade Federal da Bahia, Salvador, 2006, 1198f., 2v.

4 WISSENBACH, M. C. C., *Op. Cit.*, p. 105.

5 *Ibidem*, p. 107.

6 *Ibidem*, p. 119.

relações cada vez mais bem conhecido pela bibliografia.[7] Tais relações podem ter sido mais estreitas no âmbito da escravidão doméstica e da especialização em algum ofício; e, a partir da segunda metade do século XVIII, ao menos na Bahia, em meio às irmandades negras.[8] Quanto a estas últimas, Klebson Oliveira e Tânia Lobo asserem que nelas as condições para o incentivo à leitura e à escrita eram favorecidas, "possibilitando a consciência de que se alfabetizar era um índice para se ter alguma voz dentro da sociedade branca".[9]

Essas novas pesquisas relativas ao domínio, por um pequeno segmento da população escravizada, da cultura escrita, são extremamente importantes, ajudando a desvendar um universo de mediações até então desconhecido. Todavia, seu caráter restrito reitera o quanto era difícil, para a população escravizada, a expressão de suas vozes dentro da "sociedade branca", por intermédio das armas próprias a esta última. Quando pensamos, porém, na possibilidade de existirem outros tipos de armas, abrangendo outras características ligadas à competência linguística – associadas à fala: gestos, olhares, inflexões de voz, corpos –, pode-se começar a reinterpretar e imaginar os outros múltiplos espaços de intersecção, em que os cativos expressavam suas vozes. Vozes que não podiam ser totalmente ignoradas, havendo *negociações* em torno de uma infinidade de situações.[10]

---

7 LIMA, I. S. "Escravos bem falantes e nacionalização linguística no Brasil". *In*: *Estudos históricos*, Rio de Janeiro, n. 50, v. 25, jul./dez. 2012, p. 357.

8 LOBO, T.; Oliveira, K. (orgs.). *África à vista: dez estudos sobre o português escrito por africanos no Brasil do século XIX*. Salvador: Edufba, 2009.

9 *Ibidem*, p. 28.

10 O conceito de negociação é central na nova historiografia da escravidão de a partir dos anos 1980, que o explorou com maestria. Para uma discussão recente do conceito, ver BRUSANTIN, B. M. *Capitães e Mateus: relações sociais e culturas festivas e de luta dos trabalhadores dos engenhos da mata norte de Pernambuco (Comarca de Nazareth -1870- 1888)*. Tese (Doutorado em História Social) – CECULT/IFCH-UNICAMP, Campinas, 2011. Nessas negociações, os escravizados utilizaram de astúcia para explorar as brechas do poder escravocrata, de formas as mais surpreendentes. Afinal, e para além dos atos de fuga, cada cativo poderia ter algo de acomodação e algo de rebeldia, em diferentes porções segundo cada caso, cada oportunidade. REIS, J. J.; SILVA, E. *Negociação e conflito: a resistência negra no Brasil oitocentista*. São

Ora, a bibliografia tem frequentemente esquecido que um desses espaços foi, a partir, pelo menos, dos anos 1870, e em que pese a sua excepcionalidade, o do *canto*.

Infelizmente, os registros mais detalhados de que dispomos para estudá-lo são, via de regra, provenientes de um período posterior. Para o período anterior à Abolição, além das memórias presentes em obras de folcloristas e folhetos de cordel, o pesquisador tem de se contentar com referências indiretas, que muitas vezes sequer dizem respeito à própria cantoria. Cabe a ele, pois, a partir de tais referências, *imaginar* uma série de possibilidades relativas às características desse espaço – e, nele, pertinentes à própria *performance* dos cantadores.

Nesse sentido, podemos destacar, por exemplo, as referências contidas nos anúncios de fugas de escravos. Para Tania Alkmin, tal documentação, essencialmente descritiva, nos possibilita uma reflexão sobre as características linguísticas e os diferentes graus de aquisição da língua portuguesa por parte dos escravizados, ladinos, crioulos ou africanos.[11] Evidentemente, a lógica desses anúncios é a da identificação e captura dos cativos; porém, as descrições neles contidas permitem, certamente, várias possibilidades interpretativas.[12] Trabalhos com outras fontes documentais, como os processos-crime, têm encontrado vozes que se cruzam com aquelas dos anúncios. Maria de Fátima Pires, ao estudar o cotidiano de cativos e forros no alto sertão da Bahia entre 1830 e 1888, constatou, em uma das raras descrições mais detalhadas que encontrou das características físicas de um escravizado, que o indivíduo em questão era *gago*. Nesse particular, a autora, embora sem realçar que se tratava de alguém nascido na África, concorda com parte da análise

---

Paulo: Companhia das Letras, 1989, p. 48; 71-72; 78; FRAGA, W. *Encruzilhadas da liberdade. Histórias de escravos e libertos na Bahia (1870-1910)*. 2ª ed. Rio de Janeiro: Civilização Brasileira, 2014.

11 ALKMIN, T. 'A fala como marca': escravos nos anúncios de Gilberto Freire. *In*: *Scripta*, Belo Horizonte, n. 18, v. 9, 1° sem. 2006, p. 221-229.

12 I. S. LIMA, por exemplo, visa estudar, por intermédio dessa documentação, a dimensão linguística do processo de fabricação de uma identidade nacional, bem como as relações sociais da escravidão. Lima, I. S., *Op. Cit.*, p. 352-369.

de Freyre para os anúncios de jornais brasileiros no tempo do Império. Freyre comentou que tal característica, descrita com certa insistência nos anúncios que coletou ("Muitos os escravos gagos; muitos negros de fala atrapalhada [...]"),[13]

> talvez resultasse de experiências extremas de medo ou de pavor de crianças ainda inermes que o despotismo dos seus senhores severamente autoritários tivesse traumatizado ou aterrorizado para sempre.[14]

A gagueira teria sido, assim, mais uma característica da dor impressa nos cativos. "Muitas das marcas da escravidão estiveram nas memórias, nos corpos e também na incorporação da violência no cotidiano da vida social sob o cativeiro".[15]

Constata se, pois, que as marcas da escravidão podiam estar não apenas visíveis no corpo, *mas também audíveis na voz*. Marcas que se prolongariam para além da Abolição. Ora, transferindo essa informação para a *imaginação* dos espaços da cantoria, ela nos parece importante para apreendermos o imenso significado que, para o público, podia assumir um desafio entre, por exemplo, de um lado, um cantador ou cantadora negra, escravizada ou liberta, e, de outro, um cantador "branco" livre.[16] Afinal, para compensar e superar socialmente o polo extremo da gagueira, é compreensível que a saída encontrada demandasse um salto destemido em direção a seu extremo oposto. O que nos induz a pensar na pressão social para que um cantador escravizado ou liberto tivesse, na performance, um desempenho não apenas bom, mas excepcional; para que, em termos gerais, ele fosse a "voz de uma localidade", dominando, simbolicamente, toda uma área geográfica; para que estabelecesse, portanto, simultaneamente, um *nome, uma individualidade na performance* e

---

13 FREYRE, G. *O escravo nos anúncios de jornais brasileiros do século XIX*. 2ª ed. aumentada. São Paulo: Nacional; Recife: Instituto Joaquim Nabuco de Pesquisas Sociais, 1979, p. 60.

14 *Ibidem*, p. 61.

15 PIRES, M. de F. N. *O crime na cor: escravos e forros no alto sertão da Bahia (1830-1888)*. São Paulo: Fapesp/Annablume, 2003, p. 214. Ver também ANTONACCI, M. A., *Op. Cit.*

16 Via de regra, nesses casos os duelistas em posição social superior são homens.

um *território poético* (reconhecido, inclusive, por seu próprio escravizador); e para que tivesse, por fim, um desempenho que justificasse a sua performance como *espetáculo* – e mesmo, em última instância, a sua liberdade. Em suma, para que, como Inácio da Catingueira, estabelecesse um *marco* capaz de ser lembrado pelos maiores poetas:

Repare para o nascente
Veja se o dia amanhece,
Se o sol nascer encarnado
É ele que se oferece,
Um farol grande, bem claro,
Mostra que o negro aparece.[17]

A fim de que possamos avaliar o significado dessa pressão, bem como toda a carga de dramaticidade desse espetáculo, vale lembrar ainda que os escravizados tinham de enfrentar uma série de dificuldades em sua relação com a língua como terreno de disputas sociais e de poder. Em primeiro lugar, havia, para africanos e africanas recém-chegados (em cada vez menor número à medida do transcorrer do século XIX), a própria questão do aprendizado do português[18] – que se articulava

17 Leandro Gomes de Barros insere esta estrofe, cantada por Inácio, em meio à contestação ao "marco"/território poético/"sítio" de Romano. BARROS, L. G. de. "Romano e Inácio da Catingueira". *Apud* LESSA, O., *Op. Cit.*, p. 41. A versão do desafio por Francisco das Chagas Batista repete parte desses versos, embora atribuindo a Inácio um tom mais reverente ("*Meu branco* não diga isso...". BATISTA, F. das C. "Martello de Romano com Ignacio". In: ___________. *Cantadores e poetas populares.* 1ª ed. Paraíba: Editora Batista Irmãos, 1929, p. 63, grifos nossos), o que se casa perfeitamente à interpretação de Lewin. Lewin, *Op. Cit.*, p. 81-107. Já a versão anônima apresentada por Lessa repete, para a passagem, as estrofes de Leandro. "Peleja de Romano e Inácio da Catingueira – suplemento Guajarina". *Apud* LESSA, O., *Op. Cit.*, p. 63.

18 "Em virtude da especificidade do contato linguístico entre portugueses e africanos, o silenciamento dos trabalhadores escravizados arrancados daquele continente foi ainda mais violento. Em geral, ao embarcarem na África, os africanos cativos perdiam os nomes próprios e eram rebatizados com prenomes lusitanos. Negreiros e escravistas esforçavam-se para que os passageiros dos tumbeiros e as escravarias das

a todo um espectro de hierarquias e situações de transição.[19] Tal aprendizado e, particularmente, uma maior fluência na língua podiam gerar, sem dúvida, vantagens para os escravizados, inclusive para aqueles que fugiam e tentavam se passar por libertos. Podiam ser, ademais, em diversos sentidos, marca de distinção. A propósito, e como contraponto aos escravizados gagos, pouco fluentes ou de fala "atrapalhada", Freyre destaca que o tipo predominante de escravo que se aventurava a fugir da casa ou da fazenda do senhor tinha como uma de suas características o ser "retórico" ou "muito poeta" no falar.[20] Realça ainda negros fugidos de "boa fala", de "fala descansada", de "fala mansa", de "fala fina" etc.[21] – além de casos como o do fugitivo Oriel, que seria "muito contador de histórias" e dizia "ser forro".[22] Para Freyre, os negros "muito poetas no falar" não raro teriam conseguido se passar por livres "nas cidades grandes" ou então "acoitar-se em outros engenhos".[23] A esse repertório, poderíamos somar os anúncios, aparentemente menos numerosos, daqueles que cantavam e eram tocadores de viola, bem como outros registros, quiçá indiretos, de cantorias, batuques e festas. Lembre-se que um dos muitos parâmetros de classificação estatística dos escravos retratados nos anúncios de jornais brasileiros do século XIX seriam as "suas preferências lúdicas (cantar, dançar, batucar, tocar viola etc.)".[24]

---

fazendas não fossem de mesma origem e de mesma língua. [...]". CARBONI, F.; MAESTRI, M., *Op. Cit.*, p. 28.

19 Nesse sentido, é particularmente importante destacar "as diversas formas de trânsito linguístico e de alternância de códigos", uma vez que, a despeito da repressão, não se devem negligenciar as formas de manutenção das línguas africanas (e outras) no território. Ver LIMA, I. S., *Op. Cit.* 2012, p. 356-7; CARBONI, F.; MAESTRI, M., *Op. Cit.*, p. 25-30.

20 FREYRE, *Op. Cit.*, p. 42. Ver também p. 36-37.

21 *Ibidem*, p. 45; 74.

22 *Ibidem*, p. 82.

23 *Ibidem*, p. 86.

24 *Ibidem*, p. 45. O seguinte caso, mencionado pelo mesmo autor, embora diga respeito a uma fuga ocorrida nos anos 1840, parece-nos significativo: "[...] a 4 de fevereiro de 1841 fugiu do Engenho Tapicu um escravo de nome Pedro, crioulo, de 40 anos de

Ora, estamos a argumentar que, entre os indivíduos escravizados, libertos ou descendentes de cativos, homens ou mulheres, um caminho excepcional foi, ao menos a partir da segunda metade do século XIX, justamente o da voz, através do canto. Importa, pois, estudar a presença do canto não apenas no cotidiano do trabalho e do lazer – ele aí objeto de negociações e conflitos, por parte de uma grande parcela da população escravizada ou livre – mas também sua manifestação como especialização de indivíduos que parecem ter participado ativamente da construção de um espaço poético e lúdico ritualizado, que se consolida como instituição social em dado momento. Malgrado não se reduza a isso, possuindo também importantes significados mágico-religiosos enquanto manifestação de toda uma visão de mundo oriunda de tradições orais, o canto foi uma forma de *possuir voz* não simplesmente na "sociedade branca", mas, em termos mais estritos, em um espaço de interseção entre livres e escravizados, negros e "brancos" – o qual adquiriu valor normativo, e parece ter se criado ou tornado mais geral justo em um momento de transformações no qual, através das linhas de trem e da imprensa, os meios que incrementaram as relações entre o oral e o escrito se expandiram.[25]

Daí os ecos que nos chegam até hoje dessas vozes, em que vemos possíveis afirmações de força e poder, imaginação, defesa e autovalorização, como aquela de Inácio da Catingueira em 1874 – que se tornou, por isso mesmo, como bem mostrou Lewin (2007), alvo de disputas na memória social. É o que documenta, por exemplo, Rodrigues de Carvalho, ao transcrever uma estrofe da célebre peleja entre Catingueira e Romano, em que o primeiro canta:

---

idade, de olhos 'um tanto empapuçados' e pernas 'cabelludas', de rosto redondo e altura regular, que era tocador de viola, 'amigo de funções' e 'gostava muito de assobiar e de cantar' mormente 'quando trabalhava; e quando olhava para qualquer pessoa a quem tinha respeito' – note-se a finura deste informe – era 'sempre de travez', além do que falava de maneira 'branca e compassada'; tudo isto não o impedindo de ter às costas 'marcas de chicote bem vizíveis'. (D. P., 1/2/44)" *Ibidem*, p. 74.

25 Quanto a este último aspecto, ver WISSENBACH, C., *Op. Cit.*, p. 119.

Ignácio da Catingueira,
Criado de João Luís
É doutô prêto, formado,
É vigário da matriz
Tanto fala como abóia,
Como sustenta o que diz.[26]

Para que sustentasse sua palavra nesse contexto era necessário que Catingueira tivesse conquistado, previamente, liberdade *no próprio espaço do desafio*. Essa liberdade não era a simples liberdade da fala, ou de qualquer fala. Era a liberdade da fala no canto e na poesia, nas regras do *improviso*, no interior de um espaço ritual até certo ponto controlado – que acabava, todavia, mercê de sua própria natureza ritual, por *aproximar* os cantadores.[27] Assim, todo o cabedal de regras, crenças e concepções de mundo provenientes, de um lado, da tradição portuguesa e, de outro, dos cantos africanos, herdeiros dos *griots*,[28] vai confluir para a construção de um espaço de intersecção – o que é mostrado, possivelmente, nas descrições pormenorizadas do desafio entre Romano e Inácio,[29]

26 "Desafio (cantigas) Ignácio da Catingueira e Romano". In: CARVALHO, R. de. *Cancioneiro do norte.* 3ª ed. Rio de Janeiro: INL, 1967 (1903), p. 187. Gustavo Barroso apresenta outra versão, em quadra, para a mesma estrofe:
"Ignacio da Catingueira,/ Escravo de Mané Luiz,/ Tanto cava, como puxa,/ Como sustenta o que diz!" BARROSO, G., *Op. Cit.,* p. 576.

27 Ver TRAVASSOS, E. "Ethics...", *Op. Cit.,* p. 61-94.

28 Ver HAMPATÉ BÂ, A., *Op. Cit.,* p. 194-202. Note-se que, em meio aos *griots,* há uma diferenciação interessante, que corresponde a uma característica compatível com os marcos: "[...] mas cabe aos *griots* cumprir aquilo que os sábio decidiram e ordenaram. / Treinados para colher e fornecer informações, eles são os grandes portadores de notícias, mas igualmente, muitas vezes, grandes difamadores. [...] É necessário acrescentar, entretanto, que se trata aqui apenas de características gerais e que nem todos os *griots* são necessariamente desavergonhados ou cínicos. Pelo contrário, entre eles existem aqueles que são chamados de *dieli faama,* ou seja, '*griots*-reis'. De maneira nenhuma estes são inferiores aos nobres no que se refere à coragem, moralidade, virtudes e sabedoria [...]". *Ibidem,* p. 197.

29 Ver LESSA, O., *Op. Cit.* ; LEWIN, L. *Op. Cit.*

realizado, segundo os indícios, com armas um tanto diferentes: de um lado, a viola, o cantar mais pausado e a performance mais estática, de origem europeia; de outro, o pandeiro, o ritmo acelerado da embolada e a maior presença do corpo – os quais abrangiam vocalizações e performances que poderiam implicar toda uma visão diversa de mundo, incluindo processos de *encantamento* –, de origem africana.[30]

O que possivelmente aconteceu, daí em diante, foi uma aproximação em torno desse espaço compartilhado – que resultou, ao longo do tempo, na hegemonia da viola, do cantar mais pausado, da performance mais estática e do uso de regras poéticas *que se distanciavam da embolada.* Assim, cada vez mais, alguns cantadores escravizados ou negros tiveram de ou *optaram por* mostrar o seu valor na poesia de improviso dominando as armas do *establishment.* Um motivo importante para essa incursão em terreno estranho ou híbrido deve ter sido, na segunda metade do século XIX (e mesmo depois), a busca pela liberdade e por um modo de vida alternativo em uma sociedade extremamente violenta e hostil. Com isso, os cantadores cativos ou afrodescendentes conquistaram respeito, por vezes dominando toda uma área geográfica, e estabelecendo seus "marcos" – quilombos imaginários fincados em pleno território da escravidão, que não deixavam de trazer ressonâncias de suas cosmologias afro – mas que abandonavam o emprego mais explícito de elementos como a dança e o acompanhamento percussivo (e isso sem prejuízo da existência das emboladas, que continuaram operando à margem da cantoria de viola – e, mais tarde, também da literatura de folhetos). Ao fazê-lo, suscitaram reações de todo tipo, inclusive as versões detratoras que começaram a pulular em folhetos de cordel e livros dos folcloristas a partir do começo do século XX.

É importante lembrar que o momento em que se universalizam e codificam as regras da cantoria nortista, aparentemente ao longo da segunda metade do século XIX, quando passamos a ter registros da memória de cantadores escravizados e negros, é marcado por uma grande agitação social, decorrente de diversos fatores. Dentre estes, podemos evocar o

---

30 TRAVASSOS, E. "Palavras...", *Op. Cit.*, p. 13-40; SODRÉ, M. *Mestre bimba: corpo de mandinga.* Rio de Janeiro: Manati, 2002.

aumento da consciência de que a escravidão era uma instituição que seria, mais cedo ou mais tarde, abolida; o enfraquecimento da escravidão nas províncias do norte do Brasil e a ocorrência de intensos fluxos populacionais (lembre-se a sangria populacional decorrente do tráfico interprovincial) e de manumissões mais frequentes; e a continuidade na formação de quilombos, em interação com as maiores possibilidades de fuga (particularmente a partir de 1870, como notou Reis) e outras formas de revolta. Em meio a esse contexto, a imprensa e as estradas de ferro, bem como o movimento abolicionista e as redes de informação formadas por quilombos e outras populações, repercutem ideias e leis emancipacionistas, contribuindo, por outro lado, para dilatar os meios que incrementam as relações entre o oral e o escrito. Estabelece-se, assim, um cenário potencialmente explosivo, haja vista a possibilidade de os escravizadores aumentarem a exploração do trabalho em virtude da escassez de mão-de-obra e da própria iminência da Abolição.[31]

O surgimento das cantorias como espaços em que escravizados, libertos e livres, negros e "brancos", poderiam medir suas forças poéticas – e, em última instância, seu domínio da língua (raciocínio, métrica, rima, ritmo, imagens etc.) – em duelos que podiam chegar a dramatizar as relações sociais e raciais potencialmente em xeque mostra, possivelmente, todo o abalo simbólico de uma sociedade que, apesar do enfraquecimento do trabalho servil, se preparava para uma transformação cujas consequências eram ignoradas, e que gerava novos terrenos de sonhos, utopias e disputas.

É, portanto, a partir de um contexto em que cantadoras e cantadores escravizados(as) ou negros libertos ou livres que vivenciaram a sociedade escravista passam a reunir mais forças para se medir com outros cantadores que começamos tanto a ter mais elementos para imaginar

---

31 Ver, entre muitos outros: ANDRADE, M. C. de. *A terra e o homem no nordeste.* São Paulo: Brasiliense, 1963, p. 83-97; REIS, J. J.; SILVA, E., *Op. Cit.*; GOMES, F. dos S.; REIS, J. J. (orgs.). *Liberdade por um fio – história dos quilombos no Brasil.* São Paulo: Companhia das Letras, 1996; WISSENBACH, M. C. C. *Op. Cit.*; EISENBERG, P. *Modernização sem mudança – a indústria açucareira em Pernambuco (1840-1910).* Rio de Janeiro: Paz e Terra / Campinas, Unicamp, 1977.

suas vozes como a receber seus ecos. A memória do canto de Inácio da Catingueira, Manuel Caetano, Chica Barrosa, Preto Limão, Madapolão, Fabião das Queimadas, Severino Perigo, Joaquim Francisco Santana e Ventania começará a ser registrada pelos folcloristas, com a colaboração dos próprios cantadores, que viveram por vários anos depois da Abolição. Por outro lado, versões de seus duelos passados serão registradas ou evocadas nas pelejas de cordel, editadas e reeditadas a partir de finais do século XIX e começos do século XX.

Depois da morte desses cantadores e cantadoras, e já em pleno século XX, uma série de outros cantadores surgirá, procurando espaço no universo da cantoria e, por vezes, mencionando a herança deixada por essa geração:

> No que concerne aos repentistas negros em estudo, estes foram citados por inúmeros improvisadores da região. Inácio da Catingueira, Zé Pretinho do Tucum, Chica Barrosa, Negro Pé Sola, entre outros, destacaram-se pela rapidez nas respostas e pela resistência vocal, tão características dos repentes. Sendo negros e boa parte analfabetos, não temiam [...] enfrentar os cantadores do seu tempo, debatendo e vencendo quase todos, ganhando cada vez mais notoriedade a partir dos desafios que compunham.[32]

Reunir forças. Esta é uma formulação que nos parece bastante adequada, ainda que se considere que, atendo-nos ao contexto da escravidão, tudo se passasse com a permissão e, talvez, a "proteção" do "proprietário"/*escravizador* – afinal, o direito ao canto teve de ser, em primeiro lugar, *conquistado*.[33] O que nos leva a indagar: que características na voz, nos gestos, no olhar, no domínio dos recursos linguísticos e imagens poéticas, na própria presença corporal, seriam necessárias para tal conquista? Tal pergunta não pode, obviamente, ser respondida de forma direta. Não obstante, podemos acessar algumas características e recorrências que, além de representar simbolicamente a dramaticidade envolvida em cada performance, bem como o próprio espaço conquistado, evidenciam a solidariedade entre forma poética e sociedade escravista.

32 GOMES, G., *Op. Cit.*, p. 104.

33 Ver FRAGA, W., *Op. Cit.*, p. 251.

Assim, propomos que se considere, em primeiro lugar, que essa poética se estabelecerá centrada na expressão de uma *voz individual* (a qual pode, é certo, também expressar um *nós*) *e, em certos casos, autoral*. Em segundo lugar, que essa voz estará à procura da construção *de um domínio poético excepcional*. E, em terceiro, que um dos recursos para alcançar tais objetivos será o da utilização daquilo que chamaremos de "hipérboles construtivas ou destrutivas" muitas vezes situadas, estas últimas, na região do rosto e, particularmente, na boca e no ouvido:

J. – Antes disso eu lhe obrigo
A dizer por sua própria bôcca
Que a sua sorte foi tão pouca,
Que o diabo é seu tio e seu amigo,
[...]
– Este negro, meus senhores,
Hoje fica sabendo eu quem sou,
[...]
Elle é desses negros faladores
E por isso já tem muito soffrido.
[...]
Ou tu perdes o teu enxerimento
Ou te escangalho de vez o pé do ouvido![34]

É preciso destacar que tal modelo rompe, em parte, com a imagem convencional da chamada "poesia tradicional", caracterizada como uma produção coletiva e anônima, que seria o fruto um tanto idealizado de um caldo comum de experiências. Com efeito, profundamente imersa na sociedade da escravidão, a cantoria desenvolverá uma vertente que se intensificará em torno de noções tais como domínio, propriedade, mando e autoria (centrando-se, além disso, em disputas envolvendo as características específicas dos próprios corpos dos cantadores), e que

34 "Martelo de Antonio da Cruz e Joaquim Francisco". In: BARROSO, G., *Op. Cit.*, p. 573.

manifestará, além disso, com frequência, uma tendência disruptiva. Embora não possamos, evidentemente, reduzir a voz dos cantadores escravizados ou afrodescendentes a essa vertente, é importante evocá-la pois há aí uma lógica de monumentalização que nos parece relevante para entender as disputas em torno da participação negra na cantoria e na poesia – o que se evidencia, particularmente, no caso dos marcos –, bem como de sua memória.

A Abolição da escravidão não diminuiu a pressão em relação à performance desses cantadores e cantadoras. Pelo contrário, as disputas em torno da memória de seus desafios nos mostram que, cada vez mais, as pelejas publicadas em folhetos apresentaram pontos de vista a eles alheios ou hostis. Afrodescendentes aparecerão nelas, não raro, como figuras demoníacas, intrinsecamente ligadas ao universo da escravidão. Pesquisas como as de Olga Santos, Marilena Vianna, Linda Lewin, Clóvis Moura, Francisca Pereira dos Santos, Maria Antonieta Antonacci e Germana Gomes[35] evidenciam, de diferentes formas, a dificuldade em vislumbrarmos o ponto de vista desses grupos dominados, pelos registros de que dispomos. A propósito, Lewin chega à conclusão de que a memória popular – e não tanto a literatura de cordel – teria guardado mais viva a vitória de Inácio e seu significado, no desafio de 1874. Mesmo assim, seria factível encontrar pelejas equilibradas, como a de Pedra Azul com o cativo Ventania, como destaca Gomes;[36] bem como possíveis ecos de vozes negras, em meio ao material "coletado" (*construído*) pelos folcloristas:

I. – Não falle de minha côr
Que você tem a sua amarelaça.
É branco, porém tem a desgraça
De ser sem respeito e adulador.

35 SANTOS, O. de J.; VIANNA, M., *Op. Cit.*; MOURA, C., *Op. Cit.*; LEWIN, L., *Op. Cit.*; SANTOS, F. P. dos, *Op. Cit.*; ANTONACCI, M. A., *Op. Cit.*; GOMES, G., *Op. Cit.*

36 GOMES, G., *Op. Cit.*, 2012, p. 143-146. Ver [ATHAYDE, J. M. de?]. "Peleja de Ventania com Pedra Azul". Juazeiro do Norte: SL, s.d., p. 4. LPCORDEL-RBLT-347, Arquivo IEB-USP.

É chaleira, seja de quem for,
Atraz de ganhar algum bocado,
Um tostão p'ra viver encaxaçado,
Envergonhando a todo o povo seu
Que antes ser negro como eu,
Que um branco, assim, tão relaxado![37]

O caso de Severino Perigo

A Abolição (através da transformação do mercado de trabalho) e, pode-se dizer, a própria formação do sistema literário da poesia oral de folhetos,[38] se parecem ter favorecido o registro, a sustentação e o desenvolvimento dos espaços da cantoria, por outro lado, ao não ampararem, particularmente, a integração das populações libertas na sociedade, colaboraram para um processo de marginalização que acabou por não favorecer a presença do canto de negros e negras nesses mesmos espaços. Evidentemente, muitos desses cantadores e cantadoras continuaram como verdadeiras lendas regionais, tais como Manuel Caetano, Joaquim Francisco Santana, Preto Limão, Chica Barrosa e muitos outros. Outros ainda surgiram no decorrer do século XX. No entanto, é preciso pensar em todos(as) aqueles(as) que foram repelidos(as) por uma cantoria em grande parte significativamente dominada pela memória dos "brancos", em interação com um pensamento hegemônico racista, misógino e homofóbico. Este era reforçado pelo preconceito racial, de gênero e de orientação sexual entranhado na sociedade e amplificado em expressiva parcela dos folhetos de cordel. Sustentar a voz contra os insultos que tinham o apoio de um conjunto de instituições sociais poderosas foi algo que apenas alguns alcançaram no âmbito da cantoria – de forma brilhante, é verdade; mas, possivelmente, não sem grande custo pessoal.

37 "Martelo de Antonio da Cruz e Joaquim Francisco". In: BARROSO, G., *Op. Cit.*, p. 572.

38 Ver TERRA, R. *Memória…*, *Op. Cit.*, p. 15-18.

Outros(as) acabaram optando pelo universo da embolada,[39] que acompanhava o processo de exclusão vivenciado pelos libertos e descendentes das populações escravizadas. Ao mesmo tempo, a performance das cantadoras e cantadores negros e a memória de suas vitórias continuaram a ser alimentadas por parte importante da heterogênea memória popular (dependente, ela mesma, de um espaço social repleto de insulamentos e descontinuidades). É comum, assim, encontrarmos registros de folcloristas que, a despeito, por exemplo, da glorificação de Francisco Romano por pesos pesados da literatura de cordel como o poeta, editor e livreiro Francisco das Chagas Batista – que se fez, ele mesmo, inclusive, "folclorista"[40] –, acabaram constatando e reconhecendo a imensa popularidade de Inácio da Catingueira. Dentre eles, destaquemos o cearense Leonardo Mota, em seu livro *Violeiros do Norte* (1925).[41]

É esse livro que nos fornece o caso do obscuro cantador negro que procuraremos, agora, analisar.[42] Em seu terceiro capítulo, intitulado "Na terra de Romano e Catingueira",[43] Mota narra sua viagem a Patos, na trilha do mito do desafio entre Inácio e Romano, transcrevendo o material que lá teria "coletado". Menciona a impossibilidade de encontrar os maiores cantadores e informantes da região, decorrente do "rigor do inverno".[44] Refere-se, então, aos informantes que encontrou

---

39 Ver TRAVASSOS, E. "Palavras que consomem...", *Op. Cit.*

40 Ver BATISTA, F. das C., *Op. Cit.* Sobre a trajetória social e o folclorismo de Batista, ver as considerações de Albuquerque Júnior, D. M. de. *A feira dos mitos: a fabricação do folclore e da cultura popular (Nordeste 1920-1950)*. São Paulo: Intermeios, 2013, p. 205-217. Ver também PIMENTEL, A. de A. "Francisco das Chagas Batista e a tradição poética de Teixeira". In: ______(org.). *Francisco das Chagas Batista*. São Paulo: Hedra, 2007 (Biblioteca de cordel), p. 9-49.

41 MOTA, L. *Violeiros do norte...*, *Op. Cit.*

42 Quanto ao conceito de performance que utilizamos, ver ZUMTHOR, P. *Introdução à poesia oral*. Trad. Ferreira, J. P.; Pochat, M. L. D. e Almeida, M. I. de. Belo Horizonte: Editora UFMG, 2010; ______. "A poesia e o corpo". In: *Escritura e nomadismo*. São Paulo: Ateliê, 2005, p. 139-149.

43 MOTA, L., *Op. Cit.*, p. 71-100.

44 "Tive de lastimar, apenas, que o rigor do inverno me náo permitisse ir ao distrito do 'Teixeira', onde no logar 'Mãe d'Água' vivera Francisco Romano Caluête [...].

na cidade: o octogenário Manoel Romualdo da Costa Mandury; e, em particular, o cantador "não profissional" Severino Perigo, com quem teria tido um "primeiro e único profícuo contato", durante "horas".[45] A informação relativa ao não exercício profissional da cantoria por Perigo é para nós importante, na medida em que o situa em posição de certa forma à margem da "cantoria oficial". Não por acaso, Perigo parece ser figura ausente das pelejas, "reais" ou imaginárias, editadas em folhetos de cordel.[46]

O curto verbete de Almeida e Sobrinho reitera aquela informação:

> PERIGO, Severino – (Patos-PB, 1875/1880 – *Idem*), cantador, pedreiro, nunca fez profissão de cantoria
>
> Era preto.[47]

Originário da própria Patos, Perigo foi descrito por Mota como "um preto de uns quarenta e cinco anos", "hábil pedreiro", e que revelava não apenas um grande entusiasmo por Inácio da Catingueira, *mas uma preferência por este último, em detrimento de Romano* – algo que Mota sugere

Ainda devido á difficuldade de transportes, desisti de visitar, não só a villa próxima de Santa Luzia do Sabugy, terra natal do famoso Antonio Ugolino, como também a povoação de São Mamede, onde ainda vivem Aleixo Criança e Antonio Caroca. Taes visitas me haviam sido alvitradas e encarecidas, na Capital, pelo engenheiro João Mauricio e pelo agronomo F. Abdon da Nobrega que, afora me fornecerem os nomes dos principaes cantadores da zona de Santa Luzia, me industriaram sobre preciosos informantes que eu iria encontrar naquelas localidades". *Ibidem*, p. 71-72.

45 *Ibidem*, p. 72 e ss.; 80-87.

46 Não encontramos referências ao mesmo nem na coleção de folhetos raros do acervo do IEB-USP, nem nos bancos digitais da Casa de Rui Barbosa e do Centro Nacional de Folclore e Cultura Popular, nem nos acervos Átila Almeida (UEPB), José Alves Sobrinho (UFCG) e Raymond Cantel (Universidade de Poitiers). Uma busca no portal do IEB-USP/IPHAN (www.portaldocordel.ieb.usp.br) também foi feita, sem resultados. Último acesso em: 29/01/2019.

47 ALMEIDA, A.; SOBRINHO, J. A. *Dicionário...*, *Op. Cit.*, p. 219. A *Enciclopédia Brasileira da Diáspora Africana* cita, no verbete "Cantadores negros", Severino Perigo, mas a única informação individualizada é aquela concernente às datas de nascimento e morte (c. 1870-1930). "Cantadores negros". In: LOPES, N. *Enciclopédia brasileira da diáspora africana*. 4ª ed., São Paulo: Selo Negro, 2011 (recurso digital).

estar associado ao fato de ambos serem negros,[48] aproveitando, ainda, páginas depois, para reiterar a constatação de tal admiração e mencionar os folhetos de cordel adquiridos junto a uma "modestíssima tipografia" da cidade, os quais também glorificavam Inácio.[49]

Quanto à estimativa da idade do cantador, se estava correta (note-se que ela quase coincide com as datas fornecidas por Almeida e Sobrinho – que, entretanto, podem ter se apoiado no próprio Mota...), é muito possível que, tendo nascido entre 1870 e 1880, ele não tenha sido escravizado (como se sabe, a Lei do Ventre Livre é de 1871), embora tenha vivido *toda a sua infância* sob a vigência da instituição da escravidão. Além disso, sua admiração por Catingueira parece poder ter decorrido mais de sua participação na efervescente memória coletiva local e vivência social do que de sua presença em meio ao público do duelo – ainda que seu testemunho pessoal do mesmo não possa ser descartado. Seja como for, se há uma informação que parece fora de dúvida é justamente a da admiração de Perigo pelo cantador que, através de sua voz, sustentou o valor do negro em uma sociedade racista e escravista.

Outras informações podem ser desdobradas. Vê-se, por exemplo, que Perigo era habitante de uma *cidade*, tendo além disso *um ofício*. Possuía, portanto, um perfil que não excluiria, como vimos, a princípio, a possibilidade de ser alfabetizado. No entanto, em uma das peças "transcritas" por Mota, Perigo reproduz/inventa um desafio em que um dos cantadores finaliza uma estrofe com os seguintes versos: "Embora sem saber ler,/ Governo todo o sertão".[50] Em outra das peças, todavia

48 "Mas o povo cultua também a memória de um digno rival de Romano – esse prodigioso poeta negro que foi Ignacio da Catingueira/ A minha breve passagem pela terra de Catingueira e de Romano fez com que eu me puzesse me contacto apenas com a musa de um cantador patense – Severino Perigo./ Preto como Inácio, Severino declara-se mais admirador de Catingueira que de Romano". MOTA, L., *Op. Cit.*, p. 80.

49 "Pois que, linhas atraz, falei do enthusiasmo de Severino Perigo por Ignacio da Catingueira, ambos cantadores negros, não é fora de propósito lembrar agora que em modestissima typographia de Patos adquiri livrecos de poesia popular, refertos de referencias à gloria de Ignacio". *Ibidem*, p. 90.

50 *Ibidem*, p. 84. Cascudo transcreve a estrofe que contém esses versos mas não menciona sua provável fonte, nem muito menos cita Severino Perigo. Com a estrofe ele

– uma "Ligeira", que comentaremos adiante –, algumas das trocas poéticas giram em torno do domínio das regras da língua ("Faça um B que eu faço um A [...]/ Nunca sube o que é escola/ Mas também sei soletrá [...]" etc.). Percebe-se, assim, o quão difícil é imaginar que tipo de aproximação ou relação ele poderia ter nutrido no que tange ao universo letrado, se o vemos sob a perspectiva das *práticas de letramento*.[51]

A acreditar no que informa Mota (que pode, porém, é certo, ter apenas *inventado* uma pequena fábula), Perigo era conhecido pelas autoridades da pequena Patos por sua atividade de cantador (e, é claro, muito possivelmente, também ou antes por seu trabalho como pedreiro). O folclorista teria supostamente chegado ao cantador por recomendação do "chefe político" Cel. Miguel Sátiro, do Juiz de Direito Dr. Fenelon Nóbrega, do Vigário Padre José Viana e do Prefeito Municipal Dr. Pedro Peregrino.[52] Se seguimos Mota, o contato por intermédio desse rol de "próceres" locais – "doutores", "coronel" e padre – talvez sugira que Perigo pudesse ter, em algum grau, uma performance pública enquanto cantador – pelo menos, nos moldes da cantoria de viola. Com efeito, em alguns dos versos que, segundo o folclorista, ele recitou, há, como veremos, menção explícita à viola. Todavia, é mais seguro ponderar que essa mediação revelasse antes o circuito procurado e, mesmo, *cultivado*, pelo folclorista – membro de uma elite cearense "branca" (a qual gostava de se imaginar como "precursora" da Abolição no Brasil), e de instituições oligárquicas como o Instituto Histórico do Ceará (de que

---

parece procurar ilustrar o tipo abstrato do "cantador", espécie de "cavaleiro andante" sertanejo. Uma voz peculiar se apaga, dessa forma, em meio à construção idealizada de uma síntese que englobaria pequenos plantadores, donos de fazendolas, meeiros, mendigos, cegos, aleijados, negros etc. CASCUDO, L. da C., *Op. Cit.*, p. 127; 126-137.

51 Ver GALVÃO, A. M. de O. "Leituras de cordel em meados do século XX: oralidade, memória e a mediação do outro". In: ABREU, M.; SCHAPOCHNIK, N. (orgs.). *Cultura letrada no Brasil: objetos e práticas*. Campinas: Mercado de Letras; São Paulo: Fapesp, 2005, p. 369-397.

52 MOTA, L., *Op. Cit.*, p. 83.

ele era, aliás, ardente defensor)[53] – e não aquele a que pertencia, de forma mais orgânica, o cantador. Nesse sentido, lembre-se que Mota fez questão de registrar, no início do capítulo de seu livro, que teria chegado em Patos em companhia

> do advogado João Carneiro, residente em Pombal e *proprietário do 'Correio da Manhã'*, que se edita na capital da Paraíba.[54]

Segundo Mota, Perigo dava-se à cantoria quando estava alcoolizado, o que aconteceria com frequência – embora fique evidente, também, que o alcoolismo não o impediria de trabalhar (ao menos, não de forma crônica: "[...] propositadamente, foi retirado *bom* do trabalho [...]").[55] A propósito, o folclorista parece ter enquadrado, imediatamente, o cantador dentro dos estereótipos sociais vigentes ("Para conseguir que a lingua se lhe desemperrasse, o animei previamente com alguns calices de cognac").[56] Mota ainda informa (e lamenta) que, após ter gratificado o cantador "bastante liberalmente", o mesmo só teria aparecido novamente "em condições de não dizer coisa que se aproveitasse..."[57]

Evidentemente, o folclorista não teve tempo nem instrumentos etnográficos ou sociológicos mais refinados para traçar um perfil mais complexo do (suposto) alcoolismo de seu informante. Este poderia estar associado a outras situações, como, por exemplo – e entramos, aqui, em plena especulação –, a frustração de uma vida com oportunidades restritas ou a pressão para se apresentar diante da "sociedade branca" e das autoridades locais, entre muitas outras possibilidades. Haveria, também, a

---

53 Sobre o Instituto do Ceará ver, entre outros, OLIVEIRA, A. L. de. *O Instituto Histórico, Geográfico e Antropológico do Ceará. Memória, representações e pensamento social, 1887-1914*. Tese (Doutorado em História) – Pontifícia Universidade Católica de São Paulo, São Paulo, 2001; AMARAL, E. L. G. *Intelectuais e política no Instituto do Ceará (1887-1920)*. Dissertação (Mestrado em História) – Pontifícia Universidade Católica de São Paulo, São Paulo, 2002; Ver também MOTA, L. *Cabeças-chatas*. Brasília: SCP, 1993.

54 MOTA, L., *Violeiros...*, *Op. Cit.*, p. 71; grifos nossos.

55 *Ibidem*, p. 83.

56 *Ibidem*, p. 84.

57 *Ibidem*, p. 90.

ansiedade gerada por aquela que pode ter sido vista pelo cantador como uma grande oportunidade de ter a sua poesia e visão de mundo notadas por uma figura "importante" e, além disso, por ela *registradas*. Por outro lado, é possível imaginar um alheamento ou vislumbrar uma inserção no mínimo ambígua de Perigo nesse universo das "autoridades", já que, dentre os versos que teria recitado da peleja entre Inácio e Romano, teria se lembrado, justamente, de uma estrofe em que Inácio desafiava Romano a trazer todos os seus "padrinhos".[58] Ora, a mensagem da memória do canto de Inácio é a de que, no espaço ritual da cantoria, de nada valeria ser "protegido".[59] O que sugere uma versão do estabelecimento da cantoria como espaço poético relativamente livre em relação ao poder social:

I. Seu Romano, si vier
Venha bem apadrinhado
Mode ver como é que apanham
Padrinhos com afilhado...
Depois, não saia dizendo
Que o Catingueira é malvado![60]

Também é interessante que, na sequência desses versos, Perigo pareça ter incluído estrofes em que os insultos poéticos se direcionam para as ameaças de agressão física (significativamente centradas na região da boca) – algo que, em parte, poderia ser talvez lido como relacionado simbolicamente à própria situação – um tanto artificial, ou mesmo,

58 Tal estrofe é apenas em parte semelhante às que estão nas versões de Chagas Batista e Leandro Gomes de Barros para a peleja. Ver BATISTA, F. das C., *Op. Cit.*, p. 64; BARROS, L. G. "Romano e Inácio da Catingueira", *Op. Cit.*, p. 42.

59 "[...] Mas a 'proteção' era um campo de disputas e negociações entre ex-escravos e antigos senhores. O ex-escravo podia consentir em se tornar 'protegido' do ex-senhor desde que tivesse como contrapartida certas obrigações e respeito à condição de livre. [...] Colocar-se na condição de 'protegido' do poderoso ex-senhor poderia ser uma estratégia para movimentar-se no mundo dos brancos. [...]" FRAGA, W., *Op. Cit.*, p. 251.

60 MOTA, *Op. Cit.*, p. 81. Esses versos são semelhantes aos atribuídos por Chagas Batista a Inácio:

talvez, forçada (conquanto também possa ter sido desejada) – de sua "entrevista" com o folclorista, composta pelos seguintes elementos, todos eles tendo, como elemento de passagem, a boca: o álcool, o canto e a insistência para que mostrasse produções de sua própria autoria/voz (lembre-se que Mota era um estranho que possivelmente lhe fora apresentado de forma superlativa e oficialesca, como "gigante escritor", "vulto do Ceará" etc.):

R. Tóro-te a lingua da boca
Te troncho o pé do nariz
Te tóro o beiço de cima
Ficas como um chafariz...
Caiste nas minhas unhas,
Nunca mais tú és feliz.

I. Seu Romano, em minhas unha,
Meu Mestre, você tranqueia:
Troncho-te o beiço de baixo,
Corto-te as duas oreia,
Tiro-te a lingua da bocca:
Eu já vi marmota feia! [61]

A agressão remete aos castigos mais cruéis – ou antes, à fantasia desses castigos – da sociedade escravista, e é uma tópica que aparece, com variações, em muitas outras pelejas; porém, não por acaso, na memória de Perigo, é Romano quem toma a iniciativa no assunto – referindo-se ainda, significativa e penosamente, ao "chafariz": lugar público citadino, que sintetiza a possível alusão ao pelourinho e, naturalmente, à própria performance da cantoria. A resposta de Inácio é sem dúvida arrasadora, já que atinge, além da boca, as orelhas e a língua – afora provocar seu oponente, no verso final, com grande (e terrível) dose de humor.

Fica mais do que clara, assim, nos próprios versos apresentados por Perigo, a sua não apenas preferência mas decidida adesão a Inácio

61 *Ibidem.*

da Catingueira – destacada, aliás, como já observamos, pelo folclorista. Outrossim, vislumbra-se, a contrapelo, e a despeito dos espessos filtros de Mota, sua possível agressividade e desabafo em relação ao folclorista ou à situação de desconforto e exposição em que se viu lançado: afinal, alguns dos versos que recita são aterrorizantes (embora parte de uma determinada *retórica*), e, forçando um pouco a interpretação, talvez possam ser lidos, na chave do *não dito*, como trazendo a mensagem de que, no canto – ou ao menos no espaço imaginado e possivelmente idealizado da peleja de Inácio –, era factível derrotar "figuras importantes" (padrinhos e afilhados), dando ainda "uma surra" nas mesmas, com requintes de crueldade.

Algumas formulações de Mota nos chamam particularmente a atenção. Segundo o autor, Severino Perigo preferia "repetir cantigas que aprendeu a mostrar suas proprias aptidões poeticas".[62] Ora, guiado por essa preconcepção estreita do que seria uma "aptidão poética", o folclorista silencia os elementos da performance do cantador (e que compõem, na poesia oral, *uma obra)*[63] – gestos, expressões, inflexões do canto e da voz etc. Norteado por tal concepção, o folclorista registra que, antes de sucumbir à bebida (ou talvez *encenar* tal episódio), Perigo teria cantado as seguintes peças: 1) versos das pelejas de Romano com Catingueira e de Josué Romano com Francisco Carneiro; 2) um marco, de sua autoria (apresentado como "significativa amostra do poetar do proprio Severino Perigo";[64] 3) algumas estrofes de uma peleja simulada (posto que "não havia presente outro cantador com quem luctasse";[65] e 4) um longo trecho de uma "ligeira".

Assim, instado pelo folclorista, e supostamente estimulado pelo pagamento em teor líquido, Perigo teria apresentado algumas peças, dentre as quais, pelo menos uma composição de sua autoria. Mas não uma composição qualquer, já que se tratava de *um marco* – tópica da cantoria que, como já vimos, se transforma, no início do século XX, em gênero novo da literatura de folhetos – o qual tem como característica

62 *Ibidem*, p. 83.

63 ZUMTHOR, P. "A poesia...", *Op. Cit.*, p. 139-149.

64 MOTA, L., *Op. Cit.*, p. 82.

65 *Ibidem*, p. 84.

principal a tentativa, pelo cantador ou poeta, de estabelecer um *território poético monumental*. Examinemos as suas características específicas.

Em Severino Perigo, tal território aparece construído *em madeira*, assim como o célebre "O marco do meio mundo", de João Martins de Athayde:

Mandei ver um pau na mata,
Trucéro uma linha fina...
Trabalhou noventa dia
Cinquenta e dois carapina!
Com o espaço de três mês,
Me entregáro em quatro quina.[66]

Eu fui procurar um páu
nas mattas da beira-mar
gastei um anno e seis mezes
p'ra este pau encontrar
tive um trabalho insano
depois gastei mais um anno
p'ra este páu derrubar

Por trezentos carpinteiros
Foi este páu derrubado [...] [67]

É significativo, porém, que nos anos 1920 o tempo dos marcos de pau já tivesse ficado para trás. O motivo era a enorme repercussão da monumental edificação de pedra de Leandro Gomes de Barros, fincada no fundo do mar, e realizada na década anterior.[68] Isso sugere talvez um

---

66 PERIGO, S. [Marco]. *Apud* MOTA, L., *Op. Cit.*, p. 82.

67 ATHAYDE, J. M. de. "O marco do meio mundo". Recife: SL, 1930 [1916-1917?], p. 1. Código: AA4976, Biblioteca Átila Almeida, UEPB.

68 "O marco do velho Barros/ é obra desconhecida,/ porque no fundo do mar,/ a pedra foi escolhida;/ o objecto maior/ que o homem viu nesta vida [...] A pedra que forma o marco/ tem tres leguas de grossura/ entrou na areia do mar/ dois mil

não acompanhamento, por Severino Perigo, dos desdobramentos mais recentes do gênero do marco no suporte folheto, fosse por via escrita ou oral. Seja como for, para erigir seu marco, Perigo rogou a Deus o talento de Sansão e a ciência de Salomão, figuras bíblicas do Antigo Testamento:

Vou assentar o meu Marco,
Deixar minhas divisão:
Ô meu Deus, dê-me um talento,
Igual vós déste a Sansão!
Dê-me sciencia p'r'a obra,
Igual a Rei Salomão!

Para além da "ciência" de Salomão, não é casual a referência ao "talento" de Sansão, e não à sua "força" – já que ambos os conceitos podem ser vistos como bastante relacionados em um contexto subalternizado: ter força era ter, igualmente, talento. Mas talentosa, também, era a forma ardilosa pela qual a personagem bíblica *havia se engajado em uma estória de vingança*: no Antigo Testamento, Sansão, após revelar o segredo de sua força descomunal a Dalila, foi entregue por esta aos filisteus, que lhe arrancaram os olhos e o fizeram descer a Gaza, onde *ele se tornou escravo*: no cárcere, amarraram-no com duas cadeias de bronze, fazendo-o girar um moinho. Todavia, já com os cabelos crescidos e a força recuperada, e tendo sido chamado para "divertir" os filisteus na casa dos mesmos, onde estavam príncipes e outros três mil homens e mulheres, Sansão, cego, pediu ao moço que o tinha pela mão que o guiasse para que apalpasse as colunas que sustentavam a casa – a qual, clamando por Deus, *ele fez desabar*, tirando, dessa forma, não só a própria vida, mas também a de todos os circunstantes.[69]

---

metros de fundura/ da flor d'agua p'ra cima/ tem vinte leguas de altura. [...]" BARROS, L. G. de, "O marco brasileiro e as aventuras...", *Op. Cit.*, p. 1; 3.

69 *Antigo Testamento, Juízes,* 16. In: BÍBLIA SAGRADA. Edição ecumênica. Trad. do Padre Antônio Pereira de Figueiredo. SL: Barsa, 1972, p. 189-190.

Na poesia de Perigo, a referência à narrativa mítica de Sansão nos parece uma amostra do poder hiperbólico destrutivo evocado pelo cantador, mas que ele rogava a Deus que fosse utilizado para a *construção* de seu marco. Este possuía a seguinte arquitetura:

No pé desse Marco eu tenho
Um grande arrodeador:
Tem sala, tem camarinha,
Tem becco, tem corredor,
Tem cadeira para os home,
Tem tronco p'r'os cantador.

A obra continha, pois, uma mescla de elementos comuns a uma habitação ou cidade: sala, camarinha, "beco", corredor e cadeira. Supomos que o "arrodeador" seja uma muralha cercando a edificação. Levando-se em conta apenas as características textuais do poema, já que Mota silencia sobre a performance do cantador, pode-se afirmar que tal marco possuía traços bastante semelhantes aos dos demais marcos da mesma época,[70] mas, tal como "O castelo da cidade Flor Mimosa", de Manoel Vieira do Paraíso,[71] com referências *mais diretas* ao universo da escravidão: assim, encerrava um "tronco" como local de castigo destinado aos demais cantadores (tratados sempre como invasores e inimigos nesse gênero de poesia); e uma "defesa" avantajada (de um total de sete, a "defesa" ocupa duas estrofes inteiras e parte de uma terceira), formada por elementos como: um gigante, milhares de cascavéis e salamantas "pescando de jereré".

Aviso os meus camarada,
Advirto os meus amigo:
Quem pender lá p'r'o meu Marco
Nunca mais conte commigo!

---

70 Vide ALMEIDA, A.; SOBRINHO, J. A. (orgs.). *Marcos...*, *Op. Cit.*

71 PARAÍSO, M. V. do, "O castelo da cidade Flor Mimosa". In: ALMEIDA, A.; SOBRINHO, J. A. (orgs.), *Op. Cit.*, p. 19-33.

Boto meu gigante atraz:
Morre gente, por castigo…

Só peço que não vá lá
Home, menino e mulhé:
Em cada ponta do muro
Tem quatro mil cascavé,
Salamanta nos batente,
Pescando, de gereré.

Além disso, para a construção do marco fora empregado o trabalho de dezenas de "carapinas" e engenheiros ingleses, aparecendo o resultado final como autêntica maravilha – para a qual o cantador dizia ter obtido ordem do "Imperador" – o que, novamente, nos projeta para o ambiente da sociedade escravista – e *licença* do Delegado. Finalizando sua obra, Perigo afirmava que seu "ronco" poderia ser ouvido a dez léguas de distância – o que podemos interpretar como mais um sinal hiperbólico de seu poder assustador:

Saiba Deus e todo mundo:
Meu Marco está assentado
Com orde do Imperadô,
Licença do Delegado!
Com dez legua de distança,
Meu ronco é differençado!… [72]

As características desse marco ressoam em outra das peças registradas por Mota. Assim, nas estrofes cantadas de uma "peleja simulada", as trocas poéticas apareciam centradas, inicialmente, na tópica da intimidade com a viola ("Eu, pegando uma viola,/ Não sirvo de mangação […]"; "Gosto desta violinha,/ Tem um toque moderado…/ […] O bordão

72 MOTA, L., *Op. Cit.*, p. 82-83.

véve afinado...").[73] Logo, porém, elas evoluíam para um desafio em torno do "talento" (força, astúcia) dos cantadores ("Sendo de metal, eu quebro,/ Sendo de bronze, ispromento,/ Sendo de aço, eu envergo,/ Sendo de ferro, eu rebento."), respondido pelos seguintes versos, que remetem à dureza tanto de um marco como à de um *corpo fechado*:

O meu corpo é muito fixe,
A construcção é segura,
A minha carne é trançada
E, alem disso, é muito dura!
Você atira na bucha:
A bala bate e não fura...[74]

Nas trocas, é exaltada também a dureza do oponente, e, na sequência dos versos, um dos cantadores *afirma ser* "mandingueiro", em evidente assunção da identidade afro ("[...] Eu tambem sou mandingueiro:/ Por cima do feiticeiro/ Faço virar o feitiço.").[75] O "duelo" parece se enveredar, então, por elementos mágicos. Mas, quando surge uma contestação que sugere ser a evocação de tais assuntos simples "pabulagem" ("Gomeiro vive no matto/ Mas diz que mora na praça..."), as trocas poéticas centram-se nas características da fala e do rosto ("Ave Maria de prata,/ Padre Nosso de latão.../ Papagaio tambem fala,/ Mas não tem comprehensão"; "[...] Eu faço o mesmo comtigo,/ Seu cara de bocca-torta!"), intensificando-se o debate, novamente, pela agressão na região bucal ("Quem sabe tudo e diz logo/ Fica sem nada a dizer... [...]/ Corto-te o beiço de cima,/ Faço sorrir sem querer...").[76] Ao que a réplica evoca uma ameaça de prisão (na colônia penal de Fernando de Noronha) e surra – tal como havia sido sugerido, também, no marco – com referências diretas ao universo da escravidão:

73 *Ibidem*, p. 84.

74 *Ibidem*, p. 85. Grifos nossos. Esses mesmos versos aparecem na "Peleja de Ventania com Pedra Azul". [ATHAYDE, J. M. de?]. "Peleja de Ventania com Pedra Azul". Juazeiro do Norte: SL, s.d., p. 4. LPCORDEL-RBLT-347, Arquivo IEB-USP.

75 MOTA, L., *Op. Cit.*, p. 85.

76 *Ibidem*, p. 86.

[...] Eu te mando pra Farnande,
e metto no xilindró...
Si resmungar, leva peia!
Si chorar, leva cipó! [77]

Outra das peças cantadas por Perigo teria sido uma "Ligeira" – forma da cantoria da qual não encontramos uma definição consensual.[78] Não obstante, parece que tal forma, *assim como o coco de embolada de raiz africana*, envolvia uma troca poética acelerada, pontuada por refrão, podendo, ademais, abranger *a dança*. Assim, Perigo escolhe uma forma de desafio que se aproxima dos cocos e, particularmente, do coco de embolada.[79] Forma essa que, significativamente, Manuel Diégues Jr. informava, em 1950, estar já em desuso.[80]

Nos versos da Ligeira transcritos por Mota, aparecem, tal como no "Desafio" citado anteriormente, alguns elementos mágicos (" – Ai! / Eu vi a velha rezando/ Com a sola dos pés p'r'o ar... // – Ai, d-a dá!/ Já calcei

77 *Ibidem*, p. 86-87. Lembre-se que o historiador Peter Beattie, em obra recém-publicada, parte dessa mesma estrofe de Severino Perigo, transcrita por Mota, para analisar a história da colônia penal de Fernando de Noronha no século XIX. BEATTIE, P. *Punishment in paradise: race, slavery, human rights, and a nineteenth-century Brazilian penal colony*. Durham e Londres: Duke University Press, 2015, p. 1-2.

78 Segundo Sebastião Nunes Batista, ela seria uma forma da cantoria caracterizada pela quadra bipartida, com versos de sete sílabas, dialogados, e precedidos do refrão "ai, d-a dá", na fórmula ABCB, em que cada cantador canta dois versos. BATISTA, S. N. *Poética popular do nordeste*. Rio de Janeiro: FCRB, 1982, p. 34. Já Otacílio Batista e Francisco Linhares a definem como afastada do terreno do improviso. Sua denominação viria do fato de ser cantada com a maior rapidez possível. O Cantador fazia versos de sete sílabas, com rimas obrigatórias para os de ordem par, e sem número de linhas determinado. BATISTA, O.; LINHARES, F. "Gêneros da poesia popular". In: *Antologia ilustrada dos cantadores*, 2ª. ed., s.l., UFC, (s.d.) [1976]. Disponível em: http://www.jornaldepoesia.jor.br/antologia.html. Acesso em: 19 fev. 2015.

79 Ver BATISTA, S. N., *Op. Cit.*; TRAVASSOS, E. Palavras..., *Op. Cit.*; AYALA, M. I; AYALA, M. (orgs.). *Cocos: alegria e devoção*. Natal: Editora da UFRN, 2000.

80 DIEGUES JÚNIOR, M. "Gêneros da cantoria". *Diário de Notícias*, Rio de Janeiro, 8 out. 1850. Disponível em: http://www.jangadabrasil.com.br/revista/maio90/cn90005b.asp. Acesso em: 19 fev. 2015.

uma botina/ C'os dedo p'r'o calcanhá..."), bem como a afirmação da dignidade de um cantador pronto para revidar qualquer insulto/ agressão física ("– Ai!/ Você hoje aqui apanha,/ Até a gata miá!// – Ai, d-a dá!/ Quanto meu pai não me deu,/ Este cabra qué me dá!// – Ai!/ Quem me dé tambem apanha,/ Outro remedio não há!").[81] É tematizado, ainda, de forma evidentemente ambígua, o universo de fartura (hipérbole) que um dos ou ambos os cantadores teria(m) vivenciado ("– Ai, d-a dá!/ Bebi leite de cem vaca/ Na porteira do currá...// – Ai!/ Assúca de dez engenho/ Foi pouco pra me criá...").[82] O tema é logo seguido, porém, por versos de aviso ou repreensão ("– Ai, d-a dá!/ Quem com muitas pedras bole/ Na cabeça uma lhe dá./ – Ai!/ Cuspe de fumo em jejum,/ Bote essa boca pra lá!"),[83] o que sugere que pelo menos um dos versos relativos àquela "fartura" poderia ter subentendido, em alguma medida, uma ação de transgressão.

Na parte final, a troca de insultos, provocações e brincadeiras pressupõe alguma forma de oposição que comenta a clara presença do universo dos cocos de roda e da cultura afro:

– Ai, d-a dá!
Meu povo, abra esta roda
P'r'este macaco dansá...
– Ai!
Eu canto de todo geito,
Beiço de tres alguidá!
– Ai, d-a dá!
Com cabra sem fundamento
Não gosto de vadiá...
– Ai!

81 MOTA, L., *Op. Cit.*, p. 89.

82 *Ibidem.*

83 *Ibidem.*

Isso sempre foi desculpa
De quem não sabe cantá...[84]

Ainda que pelo filtro detrator de Mota, o discurso de Perigo nos parece incorporar certa tensão entre a cantoria "branca" e a de matriz africana, já presente no próprio desafio de Romano e Inácio, contendo, em si mesmo, concomitantemente, o rebaixamento e a defesa do segundo elemento. Significativamente, nas trocas poéticas iniciais há os versos: "Uns gostam de moça branca,/ Mas outros de sarará..."[85] O rebaixamento ataca, em destaque, o corpo, a dança, a boca. Já a defesa reivindica a invulnerabilidade do corpo, a solidez do marco, bem como a flexibilidade/diferença na forma de pensar, de encarar a cantoria e a própria vida.

Uma voz de muitas vozes

Severino Perigo foi uma figura que esteve à margem da cena principal da cantoria de viola entre os séculos XIX e XX. Além de não aparecer nas pelejas de cordel, seu marco – ou antes o marco ouvido e filtrado por Mota em um encontro fugaz –, chegou a ser considerado como uma "reminiscência deformada" de um suposto marco de Romano do Teixeira.[86] Estranha hipótese, levando-se em conta que Perigo foi um fervoroso admirador de Inácio da Catingueira! Como se não bastasse, versos que cantou a Mota foram, com alguma probabilidade, tomados por Câmara Cascudo sem mencioná-lo, tendo sido inseridos em meio ao

84 *Ibidem*, p. 90.

85 *Ibidem*, p. 87.

86 "[...] José Adão no Marco Parahybano diz que, deste, Romano de Teixeira correu com o dele na mão. Possivelmente, os versos dados por Leonardo Mota como de um Marco de Severino Perigo devem ser reminiscência deformada dos de Romano. Convém notar que tendo Romano falecido em 1891, a referência de José Adão à carreira do poeta de Teixeira é fictícia, mas sugere, contudo, ter sido o Marco de Romano aquele ouvido em 1900 na festa de casamento. [...]" ALMEIDA, A.; SOBRINHO, J. A. (orgs.). *Marcos...*, *Op. Cit.*, p. 17.

contexto de caracterização do "cantador nordestino" como tipo abstrato.[87] Como no caso de tantos outros cantadores negros, percebe-se que atuaram, assim, forças que contribuíram para o apagamento de sua memória.

A leitura dos versos e comentários de Severino Perigo, filtrados por Leonardo Mota, permite entrever que, a uma distância de quase quarenta anos da Abolição, o cantador patense ainda elaborava as relações escravistas, que continuavam a repercutir no pós-Abolição – com o decisivo auxílio daquilo que podemos denominar o marco *da Catingueira* –, através de seu canto. Para tanto, seu discurso parece revelar um grande preparo *no isolamento*, em pelejas imaginárias que são antes monólogos nos quais, todavia, debatem mais de uma voz. Vozes sociais que reencenam o exorcismo dos fantasmas da escravidão, recolocando, a cada momento, a integridade do corpo e da voz. A proteção do corpo, evidente nos versos a ele dedicados, é realizada, assim, por uma elaboração simbólica – da qual participa a elaboração/lembrança de um marco em que a "defesa" ocupa parte considerável. Proteção que prescinde do apoio dos "poderosos" (*padrinhos*), mas que, porém, não parece ter sido suficiente para o tipo de enfrentamento do preconceito exigido por uma participação no "circuito profissional" e oficial da cantoria, o qual tendia a incorporar o peso das instituições sociais já permeadas pelo racismo. Com efeito, a performance vocal recebe ainda, possivelmente, e ao menos para certas ocasiões como aquela provocada pelo folclorista, a grande motivação do modelo idealizado de Inácio – impossível, porém, de ser alcançado – e, talvez, o impulso de um elemento externo libertador: o álcool. Pelo que se pode entrever, o corpo e a voz de Perigo talvez precisassem de outros contextos para que pudessem se libertar, o que pode remeter à participação mais decisiva em circuitos de danças, cocos e batuques.

87 Ver CASCUDO, L. da C., *Op. Cit.*, p. 127. Mário Marroquim também utiliza versos de Severino Perigo para realizar uma síntese abstrata; esta, porém, no terreno linguístico. Ver MARROQUIM, M. *A língua do nordeste – Alagoas e Pernambuco.* 4ª ed., Maceió: EDUFAL, 2008, p. 136.

Anexo

O marco de Severino Perigo

Vou assentar o meu Marco,
Deixar minhas divisão:
Ô meu Deus, dê-me um talento,
Igual vós déste a Sansão!
Dê-me sciencia p'r'a obra,
Igual a Rei Salomão!

No pé desse Marco eu tenho
Um grande arrodeador:
Tem sala, tem camarinha,
Tem becco, tem corredor,
Tem cadeira para os home,
Tem tronco p'r'os cantador.

Mandei ver um pau na matta,
Trucéro uma linha fina...
Trabalhou noventa dia
Cincoenta e dois carapina!
Com o espaço de tres mez,
Me entregáro em quatro quina.

Aluguei dez inguilez,
Sujeitos de engenharia,
Por serem mestre-de-obra,
Senhor de sabedoria,
Só trabalháro dois ano:
Me entregáro a maravía.

Aviso os meus camarada,
Adivirto os meus amigo:

Quem pender lá p'r'o meu Marco
Nunca mais conte commigo!
Boto meu gigante atraz:
Morre gente, por castigo...

Só peço que não vá lá
Home, menino e mulhé:
Em cada ponta do muro
Tem quatro mil cascavé,
Salamanta nos batente,
Pescando, de gereré.

Saiba Deus e todo mundo:
Meu Marco está assentado
Com orde do Imperadô,
Licença do Delegado!
Com dez legua de distança,
Meu ronco é differençado!... [88]

88 *Apud* MOTA, *Op. Cit.*, p. 82-83.

2. Representação gráfica do marco "A defeza da lagoa", atribuído a Joaquim Francisco Santana, pela artista Marina Januzzi Nabuco de Araújo (2016).

Monumentalização da memória e herança escravista na construção dos espaços da cantoria: Inácio da Catingueira, Manuel Caetano e Chica Barrosa[1]

São fortes vigias do castelo
que vivem numa luta transitória,
e garante a paz na minha côrte
onde tenho sossêgo na memória
pois não ha valentão e nem feliz
que consiga de lá contar vitória

SANTANA, "A Fortaleza que levantei dentro de uma lagoa"
Op. Cit., p. 39

1 Uma primeira versão deste capítulo foi publicada na revista Escritural, em 2017. IUMATTI, P. T. "Monumentalização da memória, afirmação hiperbólica do eu poético e herança escravista na construção dos espaços da cantoria". Escritural – écritures d'Amérique Latine. v. 10, 2017. Disponível em: http://www.mshs.univ-poitiers.fr/crla/contenidos/ESCRITURAL/ESCRITURAL10/ESCRITURAL_10_SITIO/PAGES/08_Iumatti.html. Acesso em: 09/02/2019.

Introdução

Mencionamos, no capítulo anterior, alguns exemplos conhecidos de cantadores que teriam conseguido a sua liberdade em um momento de enfraquecimento da instituição da escravidão: entre outros, Manuel Caetano e Fabião das Queimadas. No entanto, cumpre sublinhar a importância de se localizar e estudar em detalhe não apenas os rastros de cantadores e cantadoras escravizados ou libertos, *mas também os de todo e qualquer cantador/cantadora ou poeta negro*. Isto porque, para negros e negras, seja pela falta de oportunidades, seja pelo enfrentamento da muralha do preconceito e de toda a sua dimensão simbólica, que remete a fatores subjetivos mais complexos, a herança da escravidão fará parte do cotidiano até os dias de hoje – que dirá naquele período de começos da República, quando quase todos, ainda que nascidos sob a égide da Lei do Ventre Livre (1871), haviam vivenciado, em alguma medida, o dia-a-dia marcado pela instituição do cativeiro.

Para que se estudem esses casos, observamos que os pesquisadores dispõem de registros sobretudo oriundos do período pós-Abolição. Como temos notado, esses cantadores foram comentados e, em vários casos, "entrevistados" por folcloristas a partir da última década do século XIX: Rodrigues de Carvalho, Leonardo Mota, Gustavo Barroso, Câmara Cascudo etc. Ademais, dispomos dos registros da memória e das vozes contidas nos folhetos de cordel, cuja publicação se inicia em finais do século XIX ou começos do século XX.

É um grande e importante desafio realizar uma leitura crítica desses registros hoje disponíveis. E isso não é nada fácil. Felizmente, a história social e a historiografia da escravidão têm avançado consideravelmente, o que permite o cruzamento de tais registros com estudos de microhistória e informações obtidas a partir da análise de outros tipos de documento, como os anúncios de escravizados fugidos, documentos penais e a própria história oral. Com isso, descerra-se um vasto terreno de investigações – o qual, entretanto, e ao menos no que se refere ao universo da cantoria, apenas começa a ser desbravado.

O marco nas pelejas de Inácio e Romano

Um exemplo de como esse trabalho de cruzamento de dados e análise crítica pode render frutos é o artigo da historiadora Linda Lewin sobre o duelo de Inácio da Catingueira com Francisco Romano. Para além dos seus objetivos expressos, tal estudo nos parece franquear o vislumbre de um momento significativo do processo de formação daquela zona de possível interseção (conflituosa) entre "brancos" e negros no final do período escravista – o espaço da cantoria –, abrindo novas perspectivas para a sua compreensão ao abordar de forma elaborada a memória presente nos folhetos e nos registros dos folcloristas. Lewin nos revela que, em torno da memória daquele duelo, abriu-se um acirrado terreno de disputas, em que se podem constatar, ao menos, dois polos principais: 1) aquele em torno de Francisco Romano e toda uma família de cantadores livres, brancos e mestiços da região do Teixeira, e que teria tido como representante chave Francisco das Chagas Batista que, como poeta, editor, impressor, livreiro e "folclorista", ocupou posição estratégica no campo da literatura de folhetos como um todo;[2] e 2) aquele relativo à "memória popular", formado, dentre outros, sobretudo por indivíduos negros escravizados, libertos ou livres. É deste segundo grupo que participaram alguns cantadores e cantadoras afrodescendentes, em sua maior parte, como cultivadores de uma posição que tendeu a idealizar a atuação de Inácio e que pode ter chegado a contestar o preconceito racial. Estes foram colocados ou se colocaram, ao longo do tempo, como no exemplo de Severino Perigo, relativamente à margem do campo da literatura de folhetos.

Ora, parece-nos ser justamente a partir de um maior reconhecimento da ideia de que os folhetos e as obras dos folcloristas são parte integrante de processos de disputa e fabricação da memória[3] que será possível

2 Ver também TERRA, R., *Op. Cit.*, p. 24-33; 43-45.

3 Vide MATOS, C. N. de *A poesia popular na República das Letras: Sílvio Romero folclorista*. Rio de Janeiro: Editora da UFRJ, 1994; VILHENA, L. R. *Projeto e missão. O movimento folclórico brasileiro, 1947-1964*. Rio de Janeiro: FGV/Funarte, 1997; ABREU, Martha. *O império do divino. Festas religiosas e cultura popular no Rio de Janeiro, 1830-1900*. Rio de Janeiro: Nova Fronteira/São Paulo: FAPESP, 1999; LEWIN, L., *Op. Cit.*; Albuquerque Júnior, D. M. de. *A feira dos mitos...*, *Op. Cit.*,

reescrever, sob bases mais firmes, a história da literatura de folhetos brasileira. E, sob tal ponto de vista, o marco, como tópica da cantoria ou gênero da literatura de folhetos de caráter *monumentalizante*, aparece como um objeto de estudos extremamente instigante. Outro fator que torna o marco estratégico é o fato de levar a um grau extremo, e a nosso ver sem paralelos em outras manifestações culturais, a mobilização de conceitos estruturantes para a sociedade escravista, transmitidos à do pós-Abolição: *domínio*, *território*, *propriedade*, *afirmação hiperbólica do eu*, *liberdade*.

Nesse sentido, chama a atenção um traço que tem passado quase despercebido aos vários comentadores do duelo de Inácio e Romano:[4] o fato de ele ter se dado, ou antes, *lembrado*, nos termos da tópica do marco. É curioso que tal negligência tenha ocorrido a despeito dos rumores de que Romano (1840-1891) teria *feito e registrado* um marco.[5] Seja como for, o fato é que em pelo menos três versões daquele duelo a presença da tópica do marco é, em maior ou menor grau, explícita. Em primeiro lugar, nas estrofes coletadas por Rodrigues de Carvalho (1903), as quais giram em torno das ameaças de Romano ao domínio de Catingueira:

Romano:

Ignacio tu reconheces,

---

além dos trabalhos de Francisca Pereira dos Santos (Pereira dos Santos, F., *Op. Cit.*), e Everardo Ramos (RAMOS, E. *Du marché au marchand. La gravure populaire brésilienne*. Gravelines (França): Musée du dessin et de l'estampe originale, 2005).

4 Sobre a peleja ver, dentre outros, CASCUDO, L. da C., *Op. Cit.*; LESSA, O., *Op. Cit.*; LEWIN, L., *Op. Cit.*; SANTOS, I. M. F. dos, *Op. Cit.*, p. 117-118. Mário de Andrade parece ter se aproximado de fazer um comentário mais detalhado: em uma de suas anotações constantes do envelope "Marco/Fortaleza de Cantador", o escritor destacou: "Luta com o Cão/ Catulo (284 p. 42) diz que Inacio da Catingueira foi um negro tão valente no rojão e no repente que inté cantou com o Capeta." ANDRADE, M. de. [Notas de Pesquisa]. Pasta Cantos de Guerra, Código: MA-MMA-024-020, Fundo Mário de Andrade, Arquivo IEB-USP.

5 "[...] José Adão no Marco Parahybano diz que, deste, Romano de Teixeira correu com o dele na mão." O marco de Romano teria sido possivelmente ouvido em 1900, em uma festa de casamento; e sua reminiscência apareceria supostamente deformada no marco cantado por Severino Perigo. ALMEIDA, A.; SOBRINHO, J. A. (orgs.), *Op. Cit.*, p. 17.

Que eu sou o rei dos cantador,
P'ra cantar 'stou approvado,
Em qualquer logar que eu estou.
P'ra tomar a Catingueira,
Só te affirmo ainda vou.

Ignacio:
Branco, dou-lhe um parecer,
Vossa mercê me attenda,
Se for lá para brincarmos
Possa ser que não lhe ofenda.
Para tomar a Catingueira,
Pode ser que se arrependa.[6]

No livro de Rodrigues de Carvalho, as estrofes não dão a entender a vitória nem de Inácio, nem de Romano. Pelo contrário, elas parecem antes uma parte inicial do desafio. Por outro lado, o folclorista chega a anotar, adiante, no livro, uma versão em que Inácio teria saído vencedor.[7]

Aquelas estrofes, e outras que vêm a seguir, coletadas entre finais do século XIX e começos do século XX, são ecoadas pela versão do mesmo desafio por Francisco das Chagas Batista. Esta foi publicada, possivelmente, também no início do século XX, mas certamente em data posterior ao livro de Carvalho. Aparece, de todo modo, em *Cantadores e poetas populares*, de Chagas Batista (1929), no capítulo/verbete relativo a Francisco Romano.[8] Nela, um grande tema abordado pelos duelistas, além do "cantar ciência", determinante para a suposta vitória de Romano, foi o da luta em torno dos seus "domínios poéticos" respectivos – em termos semelhantes aos de Rodrigues de Carvalho:

6 CARVALHO, R. de. *Cancioneiro do norte*. Fortaleza: Militão Bivar & C., 1903, p. 144 (3ª ed., *Op. Cit.*, 1967, p. 259-260).

7 *Ibidem* (1ª ed.), p. 179-181. Utilizaremos, doravante, apenas a primeira edição.

8 BATISTA, F. das C. "Martello de Romano com Ignacio", *Op. Cit.*, p. 58-66.

R – Ignacio, a tua fama
E' só lá na Catingueira,
Para o sacco da mãe-d'agua,
Tu não sobes a ladeira:
Juro com todos dez dedos
Que tú não vaes ao Teixeira [...]

I – Meu branco, eu dou-lhe um conselho,
Se voimincê me attende:
Se for para nós brincarmos
Pode ir que não me offende,
Mas p'ra tomar a Catingueira
Não vá não que se arrepende.[9]

Na versão de Leandro Gomes de Barros – poeta que faleceu em 1918 –, Romano dizia que iria a Catingueira e tomaria o "castelo" de Inácio. Trata-se aqui, mais uma vez, de seu domínio poético: os instrumentos de defesa e ataque são os próprios versos dos cantadores. O castelo era reconhecido como tal mesmo se Inácio persistia como escravizado. Romano também afirmava textualmente que

Seja você o que for,
Eu vou sempre à Catingueira,
E hei de levar um marco,
Para cada costaneira,
Os de lá ficam dizendo,
Lá se foi nossa ribeira.[10]

Inácio, por sua vez, asseverava:

---

9 *Ibidem*, p. 63.

10 *Apud*. LESSA, O., *Op. Cit.*, p. 40.

Os muros lá do seu sítio
Com um sopro só eu desmancho,
Abra o olho e limpe a vista,
Olhe a desgraça no rancho,
E veja que o negro velho
Dar-lhe serviço de gancho.[11]

A presença da tópica do marco nessas três versões do desafio pressupõe uma luta em torno de *domínios poéticos* reconhecidos pelos cantadores/ personagens. Domínios esses que abrangiam, em seus desdobramentos, disputas entre negros e "brancos", em torno da memória de suas vozes e vitórias, bem como da própria escravidão. Não estamos falando, portanto, que esses versos possam ser tomados ingenuamente como tendo sido parte "real" do duelo de 1874. O simples fato de pertencerem a registros de pelo menos um quarto de século depois já os colocaria, desse prisma, sob suspeita. Sem embargo, chama a atenção a sua posição estrutural, bem como o quanto eles adquirem significado quando colocados sob a chave da sociedade da escravidão e, particularmente, da formação do espaço ritual da cantoria.

Quanto à sociedade da escravidão, devemos lembrar as regras e disputas em torno da locomoção e do território – incluindo seus espaços de contestação. Observe-se, a propósito, que a própria colocação de um marco territorial podia se apresentar como possibilidade de fuga.[12] Desse ponto de vista, a construção de um território imaginário e lúdico em que cantadores escravizados eram proprietários ao mesmo tempo reconhecidos e contestados, possuindo, ademais, certa liberdade de ir e vir para conquistar outros territórios – e lembremos

---

11 *Ibidem*, p. 41-42.

12 "'[...] Mas, se o senhor permitia que o escravo fosse aos fins de suas terras fazer algum tipo de delimitação (levantar um cercado de pedra, por exemplo), ele sabia que o negro poderia fugir.'" MORAES, A. P. C. P. de. *Em busca da liberdade: os escravos no sertão do Rio Piranhas, 1700-1750*. Dissertação (Mestrado em História) – Universidade Federal de Campina Grande, Campina Grande, 2009, p. 64. Disponível em: http://livros01.livrosgratis.com.br/cp136231.pdf. Último acesso em: 30/01/2019.

que Câmara Cascudo menciona que o cantador-escravo poderia ter algumas prerrogativas especiais, como a de ausentar-se do trabalho e "viver airadamente, batendo-se com os violeiros distantes"[13] –, afigura-se como tendo uma dimensão nítida de transgressão, e talvez só possa ter florescido plenamente, de fato, em um momento de declínio da escravidão. A construção daquele território lúdico transfiguraria, pois, artisticamente, com todas as suas ambiguidades, tal declínio.

É igualmente possível, porém, que a representação de tal território possa ter sido um tanto distorcida *a posteriori*, como fruto de uma idealização mais ou menos acentuada dos embates entre cantadores escravizados e livres. O que não deixa, entretanto, de fazer parte de uma refrega mais ou menos aberta, que pode ter sustentado uma auto-imagem positiva para cantadores e cantadoras negros no pós-Abolição.

Ainda do ponto de vista da formação do espaço da cantoria, os versos de Rodrigues de Carvalho, Chagas Batista e Leandro Gomes de Barros dão-nos muito o que pensar. Apoiando-nos no trabalho de Elizabeth Travassos (2000), é possível imaginar que o desafio entre Inácio e Romano tenha revelado a configuração de um espaço ritual, que se consolida como instituição social, mostrando algumas de suas regras básicas, que seriam válidas para o século XX: em particular, a eliminação das assimetrias entre os oponentes e sua transformação em oposição entre cantadores.[14] Nesse sentido, a presença insistente da tópica do marco na memória desse desafio apontaria, como hipótese, para um aspecto de um processo de *libertação da imaginação e do próprio verso*; e, simultaneamente, para os termos tensos, conflituosos e extremos de uma construção marcada, de um lado, pelo conceito de posse e pela (memória da) luta pela própria liberdade; e, de outro, por estratégias de monumentalização.

Seja como for, tal espaço não surgiu, certamente, de forma natural, tendo permanecido movediço ao longo do tempo, embora cristalizando algumas características – como, por exemplo, a progressiva exclusão dos cantadores e cantadoras negras. Ele é fruto, assim, de uma luta social, que se realizou, a partir de dado momento, por intermédio de disputas

13 CASCUDO, L. da C., *Op. Cit.*, p. 158.

14 TRAVASSOS, E. "Ethics in sung duels of north-eastern Brazil", *Op. Cit.*, p. 86.

pela memória. O duelo de Inácio e Romano será, nesse sentido, um "marco" – ou seja, um divisor de águas – e, ao mesmo tempo, *um limite* – constantemente referido e interpretado. Nesse processo, que envolveu, concomitantemente, *negociação* e *invenção*, a formação desse espaço não se dará sem um "preço", que será o de, inicialmente, como vimos no capítulo anterior, impor aos afrodescendentes o domínio das armas do *establishment*: a viola, o improviso *em português*, a performance estática e as velhas e novas regras poéticas, que se distanciavam da embolada de origem africana. Ou seja: para participarem do espaço da cantoria, os cantadores tiveram de dominar cada vez mais as armas dos "brancos" (o que talvez já fosse uma situação importante no contexto de crise da escravidão), reforçadas, ao longo do tempo, pelos processos de exclusão social e pelo peso do conjunto de instituições permeadas pelo racismo e os preconceitos de gênero. Os que não estiveram dispostos a tal continuaram, como Severino Perigo, a desenvolver suas outras formas de cantoria, em espaços mais à margem.

O aspecto relativo à marginalização das cantadoras e cantadores negros dos espaços da cantoria e do cordel verifica-se, hoje, pela pequena quantidade de emboladas presentes em acervos de literatura de cordel, e ainda mais pelo fato de tais emboladas serem, em proporção maior do que nas pelejas, protagonizadas por mulheres (retratadas como "feiticeiras", "catimbozeiras" etc.). Assim, no Fundo Raymond Cantel, da Universidade de Poitiers, por exemplo, há mais de uma centena de pelejas, mas apenas 6 emboladas, das quais duas protagonizadas por mulheres, ambas retratadas de forma derrogatória: "A embolada da Velha Chica", de Francisco Sales Areda,[15] e "'Rio Nilo' e a embolada da Nega Fulô", de Antonio Almeida Silva.[16] Já o folheto "O embolador de coco e o diabo", de José Costa Leite, mostra uma peleja entre um coquista e o diabo – este representado por um homem negro. Na peleja, o vencedor é o coquista, ao invocar Nossa Senhora das Dores, Nosso

15 AREDA, F. S. "A embolada da Velha Chica". SL, s.d. Código: FRC1151, Fundo Raymond Cantel, Universidade de Poitiers.

16 SILVA, A. A. "'Rio Nilo' e a embolada da Nega Fulô". SL, s.d. Código: FRC4259, Fundo Raymond Cantel, Universidade de Poitiers.

Senhor do Bomfim, São Francisco, Padre Cícero, Frei Damião, a Virgem da Conceição, Jesus, Maria e José.[17] Este folheto parece evidenciar, assim, o ápice do processo de exclusão/marginalização dos cantadores e cantadoras afrodescendentes dos espaços da cantoria e do cordel, já que nele estes passam a ser figurados como o "demônio" em seu próprio domínio/refúgio poético: a embolada.

Veremos ao longo deste trabalho que, contra esse tipo de injúria, houve quem tenha lutado bravamente, de cabeça erguida – e valendo-se das armas do *marco*.

O marco na peleja de Manuel Caetano e Manuel Cabeceira

Os mesmos elementos que flagramos nas análises dos fragmentos e ecos do desafio entre Inácio e Romano[18] – embate entre um cantador livre e um escravizado; presença difusa ou explícita da tópica do marco e de conceitos-chave da sociedade escravista; e construção de um espaço ritual – estão presentes ou podem ser apreendidos em outro duelo constantemente evocado (mas nunca estudado, pela bibliografia, com maior atenção): o do cantador livre Manuel Cabeceira com o cantador escravizado ou liberto Manuel Caetano. As versões disponíveis desse outro embate "fundador", em menor grau, dos espaços da cantoria e do cordel, conquanto talvez não abranjam um único evento, revelam, também, similaridades em relação ao modo como foi lembrado/construído o duelo entre Romano e Inácio. Neste, a memória coletiva reteve o "texto Catingueira" – que se aproximava do ponto de vista de Inácio –, ao passo que na literatura de folhetos coexistiram interpretações que fixaram aspectos desse texto mas que, em maior ou menor grau, tenderam a substituí-lo pelo chamado "texto Teixeira" – a interpretação que preservava a memória de Romano, apagava sua transgressão das "regras do jogo" e lhe dava a vitória. No caso dos embates entre

---

17 LEITE, J. C. "O embolador de coco e o diabo". SL, s.d. Código: FRC2819, Fundo Raymond Cantel, Universidade de Poitiers.

18 Ver TRAVASSOS, E. "Ethics...", *Op. Cit.*; LEWIN, L., *Op. Cit.*

Cabeceira e Caetano, percebem-se posições menos incongruentes entre as versões disponíveis (já que não relativas a um mesmo evento) – mas, ainda assim, com divergências significativas. Elas podem ser representadas, de um lado, pelo folclorista Rodrigues de Carvalho, que, escrevendo em 1903, deixou um testemunho relativamente favorável ao escravizado Manuel Caetano (assim como citava um informante – Romeu Mariz – que, no tocante ao duelo de Inácio e Romano, dava vitória ao primeiro);[19] e, por outro lado, novamente, pelo cordelista, editor e "folclorista" Francisco das Chagas Batista, que forneceu uma versão na qual sublinhou a discrepância social e racial dos protagonistas, elogiando, de forma decidida, Manuel Cabeceira.

Assim, em Rodrigues de Carvalho vislumbramos uma construção que, de um lado, apresenta certo equilíbrio nas trocas poéticas que "transcreve", nas quais se destaca a performance de Manuel Caetano; construção que, de outro lado, contém traços de detração dos afrodescendentes – como seja, por exemplo, na transcrição de trechos de desafios entre Manuel Cabeceira e o diabo (descrito como *cantador negro*)[20] e entre Manoel da Bernarda e o negro/diabo Rio Preto (este último desafio ecoando a tópica do marco).[21] Ora, tal perspectiva mais ambígua contrasta com a de Chagas Batista. Em sua coletânea, engajada em um complexo processo de produção/reprodução da memória coletiva, Batista parece ter se empenhado especificamente em exaltar, entre outras, a figura de

---

19 "Romano perdeu a tramontana, e Ignacio com sua calma habitual de repentista eximio, que era, começou a cantar o martello, conseguindo desbancar Romano depois de 8 dias. [...]" CARVALHO, R. de. *Cancioneiro do Norte*, *Op. Cit.*, p. 180; 179-181.

20 "Fragmento do desafio entre Manoel de Cabeceiras e o diabo". *Ibidem*, p. 138-141.

21 "[...] *Diz Manoel da Bernarda*:/ Fui á casa do ferreiro/ Ver enxada e cavadô,/ P'ra tapar o Rio Preto,/ Deixal-o sem *sangradô*./ *Resposta do negro*:/ Se tapar o Rio Preto,/ Faça parede segura,/ Que no lugar mais estreito,/ Tem cem braças de larguras. / *Manoel da Bernarda, depois de cantar toda a noite, viu que Rio Preto tinha os pés de pato; então cantou para afugental-lo*: Senhora dona da casa,/ Abra a porta, accenda a luz;/ Estamos com o cão em casa,/ Resemos o credo em cruz. [nota: E' lenda que o negro fugiu como por encanto, fedendo a enxofre queimado.]" "Desafio entre Manoel da Bernarda e o negro Rio Preto, na fazenda Floresta do Major Antonio Lucas, dos Inhamuns. (*Fragmento*)". *Ibidem*, p. 161-162.

Manuel Cabeceira. A começar pelo próprio verbete em que se insere a "transcrição" do duelo. O verbete é dedicado a Cabeceira, e destinado a louvar e honrar o seu perfil (Batista afirma, por exemplo, ter ouvido o cantador fazer sextilhas em rimas fechadas, "como fez Camões nos *Luziadas*"),[22] fornecendo informações biográficas edificantes. Manuel Caetano ocupa um espaço necessariamente secundário em tal verbete, como contendor de Cabeceira. É como se, por melhor que fosse o cantador escravizado, ele tivesse de estar, de toda forma, e também no que se refere à esfera da memória, em uma posição subordinada, valendo-se de um espaço que lhe teria sido magnanimamente cedido. A propósito, no livro, outro dos verbetes/capítulos é dedicado a Francisco Romano – e não a Inácio da Catingueira.[23]

Curiosamente, Batista não descreve Cabeceira como branco, mas de forma mais ambígua, como "um tipo vermelho e de cabelos enroscados" (ao passo que Rodrigues de Carvalho o retrata como "alvacento, um tanto rosalgar, feições grosseiras e de musculatura rija."),[24] além de informar ser ele alguém de "muita coragem", mas não "malvado". Os adjetivos são significativos, já que Rodrigues de Carvalho, apesar de exaltar as qualidades de Cabeceira ("talentoso", "improvisador de mérito", "muito apreciado", "ótima voz" etc.), o descreve, por outro lado, como alguém com "verve a Bocage", e que "vendia fumo pelas feiras, e (fatalidade grotesca) diziam as más línguas que *ele não podia ver cavalo alheio*".[25] Esta última sugestão é refutada textualmente por Batista:

> [Nota:] Diziam as más linguas que Manuel Cabeceira dava-se ao esporte de furtar cavallo; entretanto isso nunca foi provado.[26]

Por sua vez, Rodrigues de Carvalho acaba em parte igualando o *status* de Cabeceira ao de Caetano ao caracterizar, no final do livro,

---

22 BATISTA, F. das C. *Cantadores...*, *Op. Cit.*, p. 88.

23 *Ibidem*, p. 57-74.

24 CARVALHO, R. de, *Op. Cit.*, p. 167.

25 *Ibidem*.

26 BATISTA, F. das C., *Op. Cit.*, nota, p. 90.

uma *nova espécie de duelo*, bem como as novas práticas a ela associadas – envolvendo, por exemplo, o convite de um cantador a outro (o que efetivamente ocorre em sua versão do desafio entre Cabeceira e Caetano) –, tendo antes mencionado que o cantador, de forma geral – presume-se: na *cantoria antiga* –, andava *invariavelmente aguardentado*.[27] O surgimento dessa *nova espécie de duelo* se referia, evidentemente, à própria rearticulação do espaço da cantoria a partir da Abolição, que deixava à margem cantadores como Severino Perigo.

Ademais, Carvalho encerra sua famosíssima descrição do duelo entre Caetano e Cabeceira com a transcrição de uma estrofe arrasadora de Manuel Caetano – à qual diz ter se seguido *uma briga*:

> *[...]*
> *Caetano:*
> *Nas profundas do inferno*
> *Tem uma caldeira fervendo,*
> *Com tua mãi de uma banda,*
> *Com uma colher mexendo*
> *E os diabos todos do inferno*
> *Nas suas costellas comendo.*
> *(Acabou o desafio em briga).*[28]

Na sequência, e surpreendentemente, tece um pequeno elogio a Caetano, em que este é referido como

> um dos notaveis poetas populares da Parahyba; trovador repentista, descendente pronunciado da raça africana. O scenario de suas proezas foi a zona brejosa daquelle Estado, de Araruna á Campina Grande, de Alagoinha á Barra de Santa Roza.[29]

Ora, o tom dos comentários de Chagas Batista é completamente distinto. Em primeiro lugar, ele faz questão de destacar a diferença de

27 CARVALHO, R. de, *Op. Cit.*, p. 170-171.

28 *Ibidem*, p. 174-175.

29 *Ibidem*, p. 176.

status entre Cabeceira e Caetano – não apenas um "branco", e o outro, "negro";[30] mas um, uma espécie de *auxiliar de capitão do mato*, e o outro, um *escravizado*. Com efeito, em sua apresentação do perfil de Cabeceira, Batista destaca a informação de que ele teria sido um bom caçador de "escravos fugidos":

> Quando algum Capitão de Campo não conseguia prender um escravo fugido, era Manoel Cabeceira quem ia amarrar o negro./ Certa vez, na feira de Goyanna, um delegado de policia, chegando-se a Cabeceira disse-lhe: 'Esteja preso!' Cabeceira, fazendo um rapido movimento com as mãos, disse: 'E eu o matei!' O delegado deu um grande pulo e Cabeceira, rindo-se fugiu por entre a multidão dos matutos feirantes.[31]

É aí que Batista narra a ocasião em que teria *visto* Cabeceira cantando na fazenda Pedra d'Água, quando teria recebido uma carta do Capitão João de Mello, de Chã do Moreno, avisando-o de que o Moreno estaria tomado pelo cantador Manuel Caetano (narrativa, como se vê, substancialmente diversa da de Rodrigues de Carvalho[32] – o que permanece significativo mesmo que se possa argumentar que se trata "de desafios diferentes"). Tal notícia teria levado o cantador a seguir imediatamente para o local, já que não admitia que um "negro" lá estivesse – o que faz com que o elemento desencadeador do duelo seja uma *transgressão*. Não sabemos se a narrativa de Batista mistura elementos de episódios realmente ocorridos ou não; tampouco sabemos se nessa ocasião Caetano era ainda cativo (recorde-se que Batista nasceu em 1882 e, portanto, teria tido pouca probabilidade de ter *visto* semelhante disputa).[33] Certo é que Batista destaca, em nota ao final do verbete/capítulo, referindo-se a Caetano, que "tendo se dedicado a vida

---

30 Todavia, a "branquitude" de Cabeceira é por Caetano, na peleja, contestada; aliás, o próprio Cabeceira-personagem, malgrado afirme ser "homem branco", admite certa ambiguidade ao argumentar que o que ele teria de "vermelho", o outro teria de "cinzento". Ver BATISTA, F. das C., *Op. Cit.*, p. 89-91.

31 BATISTA, F. das C., *Op. Cit.*, p. 88.

32 CARVALHO, R. de, *Op. Cit.*, p. 170-171.

33 Ver TERRA, R. *Memória...*, *Op. Cit.*, p. 43.

de cantador, o seu senhor *dera-lhe* a carta de alforria", sem especificar a data.[34] Pelo emprego do pretérito mais que perfeito, Batista parece sugerir que Caetano era, à época, liberto. E se foi esse o caso, evidencia-se que a atividade do capitão do mato – *que se transmuta de perseguidor de escravos em perseguidor de negros* – persistia simbolicamente, no âmbito da cantoria, ao menos nesse episódio, mesmo depois de finda a escravidão.

Por outro lado, em sua estratégia de construção/ monumentalização da memória, Batista sem dúvida *exalta* a atuação de Caetano. Assim, é significativo que, nas trocas poéticas que Batista transcreve/ inventa (?), Caetano se defenda excepcionalmente bem:

> *Cabeceira:*
> *Negro, encurta essa lingua,*
> *Vae conhecer teu logar;*
> *Olha que eu sou homem branco*
> *Que nasci para mandar;*
> *Eu não sou da tua igualha,*
> *Muleque pé de 'xambar'.*
>
> *Caetano:*
> *Me comparou com a cabra*
> *Sem eu ser do seu chiqueiro?*
> *Está me chamando negro*
> *Sem eu custar seu dinheiro?*
> *Se quizer ser respeitado,*
> *Respeite o negro, primeiro.*[35]

Mais do que isso, nas trocas entre os cantadores revela-se que os conceitos dominantes do gênero do marco – mando; propriedade;

---

34 Grifos nossos. Além disso, Batista informa que o cantador residia em Barra de Santa Roza, na Paraíba, e que tinha disputado uma outra peleja com outro *cantador negro*, Rio Preto. Nesta, Caetano teria saído vencedor. BATISTA, F. das C., *Op. Cit.*, p. 95.

35 *Ibidem*, p. 91.

demarcação territorial; liberdade etc. – estão presentes em um jogo bastante estruturado (e além disso marcado pela oposição "branco"/ livre X "negro"/"escravo"). As trocas implicavam as ideias de assédio e defesa (evidentes também no próprio modo como é narrado o início do desafio), como notaram Almeida e Sobrinho, o que dava a entender, conforme os mesmos autores, que Moreno era um "Castelo de Manoel Cabeceira".[36] A esses conceitos, acrescente-se o *super desenvolvimento da imaginação*. No trecho que cito abaixo, tais aspectos começam a se mostrar ao Cabeceira dizer desprezar Caetano a ponto de rejeitar ocupar a posição de seu "senhor" ("[...] *Negro, podes ir embora, / porque de ti não preciso* [...]"), proibindo-o, também, de cantar – algo que corresponderia ao domínio que exercia sobre o território em que estavam:

Cabeceira:
Negro, podes ir embora,
Porque de ti não preciso;
Tú não podes cantar mais
No terreno em que eu piso;
Aqui, na Chã do Moreno
Caso, confesso e baptizo.

Caetano:
Você a mim não baptiza,
Porque já sou baptizado,

36 "[...] F. Coutinho Filho, em 'Repentistas e Glosadores', reporta-se a esse relato de Chagas, mas transcreve versão da peleja havida entre os dois cantadores que lhe fora fornecida por José Mariano, velho cantador dos arredores de Moreno. Em qualquer das versões, e por mais que os versos guardados de memória discrepem dos que realmente foram improvisados, as idéias de assédio e defesa da Ribeira estão contidas nos versos com que Cabeceira termina uma sextilha e Caetano começa a sua: .... Porque vinheste a Moreno/ Sem o meu consentimento? .... Não precisava licença/ Para eu entrá em Moreno..../ Independentemente de os versos recolhidos serem realmente os improvisados, as idéias básicas da peleja original são conservadas nas suas reconstruções e entre elas esta de Moreno (Solânea) ser Castelo de Manoel Cabeceira. [...]". ALMEIDA, A.; SOBRINHO, J. A. (orgs.). *Marcos...*, *Op. Cit.*, p. 11-12.

Não confessa e nem me casa,
Porque eu já sou casado;
Quedê a tua batina
Vigario descoroado!... [37]

Ante a contestação, Cabeceira reafirma o conceito de *posse*, surgindo então o tema do *domínio sobre um território inacessível*, que seria híper desenvolvido no gênero do marco:

Cabeceira:
Senhor Manoel Caetano,
Eu sou Manoel Cabeceira,
Tenho montes elevados
Que ninguem sobe a ladeira;
Hoje aqui você verá
Isso, quer queira ou não queira.

Tão ou ainda mais significativa é a resposta de Caetano, que, em seu canto, reafirma sua liberdade: o território passível de ser "subido" é evidentemente *o próprio terreno poético*, implicando *o espaço da cantoria*, dentro do qual até mesmo a alusão ao possível calcanhar de Aquiles da baixa estatura física do oponente torna-se permitida:

Caetano:
Senhor Manoel Cabeceira,
Mais alta é a Borborema,
Mas eu subo em qualquer canto
Sem temer que o peito gema;
Quanto mais você que é baixo
E que já tomei-lhe a extrema. [38]

---

37 BATISTA, F. das C., *Op. Cit.*, p. 91-92.

38 *Ibidem*, p. 92.

Nesse contexto, o possível fato de Caetano ter obtido sua liberdade justamente por sua excelência como cantador talvez possa ser visto em relação com sua rapidez, com sua liberdade de imaginação, com sua capacidade de resistência à construção de edifícios poéticos destinados a subjugá-lo e também, no limite, com sua própria capacidade de construção de outros tantos edifícios.

Segundo Batista, findo o combate, os dois cantadores teriam se olhado e compreendido que ambos eram "bons repentistas e tinham coragem igual". Então, "apertaram-se as mãos e se tornaram bons camaradas. Cantaram, juntos diversas outras vezes, mas, nunca mais em desafio."[39] Ora, esse final contrasta radicalmente com a vitória retumbante dada a Caetano por Rodrigues de Carvalho. A relativa saliência dada por Batista à performance de Caetano pode adquirir, assim, o sentido de compensação ao apagamento da memória de suas vitórias – mesmo que, na vida "real", os cantadores possam ter se tornado, de fato, "camaradas".

Comentando o livro *Poetas e cantadores populares* como um todo, seu prefaciador, o intelectual Coriolano de Medeiros, membro do Instituto Histórico e Geográfico da Paraíba, destacou, em particular, a transcrição, por Batista, das disputas entre Romano e Inácio e entre Caetano e Cabeceira.[40] Tal destaque ajudou a consagrar, sem dúvida, uma determinada versão dessas disputas, a qual se destinava a subalternizar e silenciar a memória afro.

As operações que formam a memória seletiva dos folcloristas requerem procedimentos de crítica radical. Para que as compreendamos, é essencial analisar a rede de diálogos, referências e citações entre intelectuais, folcloristas e cordéis. Assim, é curioso pensar que a (relativa) exaltação da atuação de Caetano por Batista possa, em outro plano, vincular-se, também, à busca de legitimidade e verossimilhança para a versão que esse e outros autores produziram do desafio de Inácio e Romano. Esta parece ter sido em parte

---

39 *Ibidem*, p. 95.

40 "[...] Não ha duvida de que todo material é de bom quilate mas a gente se enthusiasma, vendo como se batem com maestria e superioridade o estro de Romano Cauête com o de Ignacio da Catingueira, o de Manoel Cabeceiras com o de Manoel Caetano. Os desafios destes parecem lutas de cyclopes: tem a resonancia typica das bigornas accionadas! [...]" MEDEIROS, C. de. "Palavras sinceras". In: BATISTA, F. das C., *Op. Cit.*, s.p.

vitoriosa, ao menos em meio ao universo dos folhetos de cordel. Com relação à memória de Cabeceira e Caetano, as ambiguidades na representação de seu desafio na versão de Batista não chegaram a anular um resultado um tanto semelhante: ao longo do tempo, a literatura de cordel daria muito mais voz a Cabeceira, como personagem de outras pelejas ou referência como cantador, do que a Caetano. É o que se verifica em uma busca simples por palavras nos folhetos ocerizados dos Acervos atualmente disponíveis para consulta.[41] Neles, a presença de Cabeceira é perceptível, enquanto Caetano parece ter quase desaparecido. Nesse caso, tal como no de Inácio e Romano, é bem possível que se tenha operado um processo de construção/seleção que tendeu a silenciar o cantador negro.

Tal processo esteve, porém, repleto de ambiguidades e fissuras. Assim, a memória popular teria retido, no caso do desafio entre Inácio e Romano, a vitória do primeiro – que também não estaria ausente de vários dos registros contidos em obras de folcloristas. Para o caso de Cabeceira e Caetano, dispomos de menos materiais. Não obstante, eles também apresentam fissuras. Assim, Cascudo, ao abordar, em *Vaqueiros e cantadores*, os vários "temas" das cantorias, mencionou brevemente a "tradição" dos marcos, lembrando, dentre estes, o "forte" de Ugolino, a Lagoa de Germano, o "Castelo" de Josué Romano e, por fim, um trecho da peleja de Caetano com Cabeceira. Significativamente, todos aqueles cantadores – Ugolino Nunes da Costa (tio-avô de Francisco das Chagas Batista), Germano da Lagoa e o próprio filho de Francisco Romano Caluête (o célebre contendor de Inácio), Josué Romano – se não eram parte de um mesmo grupo, eram todos, ao menos, provenientes da linhagem principal e hegemônica de cantadores e poetas do Teixeira. Linhagem da qual Batista,

41 Veja-se, por exemplo, o da Casa de Rui Barbosa (RJ). Disponível em: http://www.casaruibarbosa.gov.br/cordel/acervo.html. Último acesso em 10/06/2018. Chama a atenção, em particular, o folheto (não impresso) de autoria de Leandro Gomes de Barros, "Peleja de Antonio Baptista e Manoel Cabeceira". In: BARROS, L. G. de. "Bento, o milagroso de Beberibe". S.l.: s.n., 19--, p. 6-11. Código: C4372, Acervo da Casa de Rui Barbosa, Rio de Janeiro. Disponível em: http://docvirt.com/docreader.net/DocReader.aspx?bib=cordel&pagfis=40554. Acesso em: 10/06/2018.

que lá havia nascido e residido até os 17 anos de idade, também fazia parte.[42] Mas, para Cascudo, *teria sido Manuel Caetano*, na peleja citada segundo a versão de Chagas Batista (a quem não são dados, porém, créditos...), que teria recorrido "ao antigo molde" dos marcos, no seguinte trecho:

Então eu vou dar um pau
Para você se atrepá,
No tronco eu boto uma onça,
No meio um maracajá,
Em cada galho um inxu
E no olho um arapuá...

Eu passo fogo na onça
E derrubo o maracajá,
Chamusco os inxus a facho,
E queimo o arapuá;
Deixo o pau limpo, indefeso,
Pra você nele trepá...[43]

Passagens como essa, que aparecem como verdadeiras brechas em uma documentação de difícil manuseio e interpretação, são fundamentais para entendermos as ambiguidades de um processo de fabricação da memória que podia, sem dúvida, escapar às intenções iniciais de seus formuladores.

O marco como estratégia de aniquilamento: Chica Barrosa e Neco Martins

Temos observado como os desafios de Inácio e Romano e de Cabeceira e Caetano mobilizaram, em diferentes versões, a tópica do

42 LEWIN, L., *Op. Cit.*, p. 85. Ver também BATISTA, S. N. "Francisco das Chagas Batista – notícia bibliográfica", *Op. Cit.*, p. 1; PIMENTEL, A. de A., *Op. Cit.*, p. 37; ALBUQUERQUE JR, D. M. de. *A feira...*, *Op. Cit.*, p. 205-206.

43 CASCUDO, L. C., *Op. Cit.*, p. 198-199. BATISTA, F. das C., *Op. Cit.*, p. 92-93. Todavia, em Chagas Batista a segunda dessas estrofes corresponde à fala ("desmancha") de Cabeceira – o que Cascudo suprimiu, além de fazer outras pequenas mudanças na ortografia.

marco, a qual pressupõe os conceitos principais que regeram a sociedade da escravidão. Vimos, também, que tal tópica sinaliza o processo de construção/monumentalização de um espaço ritual em que se definem as regras da cantoria – as quais, com o tempo, tenderão a marginalizar negros e mulheres. Como um outro aspecto relativo às apropriações do marco em meio a esse processo, pode-se vê-lo servir ao esmagamento simbólico, *a posteriori*, dos adversários. É o que nos parece ter ocorrido no caso do "fazendeiro-cantador" cearense Neco Martins (1865-1940), protagonista de célebre desafio com Chica Barrosa (1867-1916) – cantadora negra talentosa, filha de pais alforriados, oriunda de Pombal, na Paraíba. Martins será lembrado como um dos possíveis pioneiros do gênero do marco:

> [...] De seu Marco da Divisão sobraram os retalhos que Leonardo Mota transcreveu em *Cantadores*, copiados do manuscrito que, confessa, teve em mãos.[44] [...]"
>
> "Infelizmente, Leonardo Mota não transcreveu todo o Marco da Divisão, de Neco Martins (e o teve em mãos), nem informou a data de composição, em seu livro *Cantadores*. [...][45]

Significativamente, fragmentos do desafio entre Barrosa e Martins, que teria ocorrido em 1910, supostamente informados pelo cantador Azulão a Leonardo Mota em *Cantadores*, revelam mais um desafio em que pairam as ameaças e castigos corporais da sociedade da escravidão:

---

44 Ver MOTA, L. *Cantadores, Op. Cit.*, p. 121-126.

45 ALMEIDA, A.; SOBRINHO, J. A. (orgs.). *Marcos...*, *Op. Cit.*, p. 46; 17. Fragmentos e versões do desafio de Chica Barrosa com Neco Martins podem ser encontrados em Rodrigues de Carvalho, Leonardo Mota etc. Além disso, foram recentemente publicados, pela editora Hedra, tanto o desafio com Barrosa como o "Marco da Divisão para os Cantadores do Norte". In: MARTINS, N. *Cordel – Neco Martins*. São Paulo: Hedra, 2010, p. 35-104. Sobre Neco Martins, vide a Introdução a esse volume, por Gilmar de Carvalho (p. 9-33). Sobre Chica Barrosa, ver MEDEIROS, I. *Chica Barrosa: a rainha negra do repente*. João Pessoa: Ideia, 2009, bem como os trabalhos da pesquisadora Francisca Pereira dos Santos.

CB:
- A Barrosa se zangando
Lhe dá uma grande pisa
Daquelas de engrossá couro...
Vejá lá que ela lhe avisa!

[NM:]
- Inda que o diabo lhe atente,
Nem assim isso acontece;
Porque de peia no lombo
Eu nunca achei quem me desse.

[CB:]
- Não me ameace de peia
Que me faz ficá danada;
Eu não sou sua cativa
Nem também sua criada;
Se continuá assim
Vê nega desaforada...
[...]

[CB:]
Pisa medonha dou eu,
Do cabelo se arrancá,
De fofá couro do lombo,
Do pescoço ao calcanhá...
Minha pisa é venenosa
Que não se pode curá...
Cada tacada que eu dou
Vejo pedaço avoá...

[NM:]
- Barrosa, em carnificina
Coisa pió eu te faço:
Corto-te os pés pelas junta

Sem encontra embaraço;
Corto as junta nos joêio,
Separo cada pedaço;
Corto na junta das coxa,
Desligo do espinhaço;
Corto as mão pelas munheca,
Para o pescoço me passo;
Tiro a cabeça do corpo,
Retaio todo o cachaço;
Bato com tudo no chão
Até fica em bagaço!...[46]

Vimos, no capítulo anterior, que, em meio aos espaços da cantoria e da literatura de folhetos, a solidariedade entre forma poética e sociedade escravista se desdobrou em uma poética centrada na expressão de uma *voz individual e, em certos casos, autoral*; na construção *de um domínio poético excepcional*; e na utilização de "hipérboles construtivas ou destrutivas". Estas últimas foram particularmente desenvolvidas por Neco Martins na derradeira estrofe do fragmento publicado por Mota, que transcrevemos acima. Com efeito, a "última palavra" ficará, nas trocas entre Martins e Barrosa, com o fazendeiro, ao desfilar uma sequência de hipérboles aniquiladoras centradas no desmembramento do corpo de sua oponente.

Já a autoria individual e a construção de um domínio poético excepcional e hiperbólico se desdobram na própria memória de Neco Martins como um dos cultores do gênero do marco. A incursão de Martins no gênero estaria documentada nos fragmentos do seu "Marco da divisão", supostamente transcritos por Mota (que fez, assim, as vezes, nesse como em outros casos, de "instância de consagração"). Desses fragmentos citamos, a seguir, a estrofe que abre o rol das "feras, insetos, aves, caças e abelhas", o qual formaria parte das defesas (*castigos*) daquele domínio:

46 MOTA, L. *Cantadores, Op. Cit.*, p. 61-62.

[...] Tem onça suçuarana,
A tigre e a canguçu,
Maçaroca verdadeira,
Pintada, maracajá-açu,
Atraente puraqué,
Perigoso jacaré,
Bravo lobo comedor,
Tem lobo! é como lhe digo
Porém é para castigo
De prosa de cantador... [...] [47]

A memória da construção do marco, somada à publicação de trechos de um embate principal em que Neco Martins era descrito/fabricado como figura dominante, parecem ter resultado em uma espécie de "supremacia total" – que ressoava no apagamento e esmagamento não exatamente da memória da cantadora negra, mas sim, possivelmente, de uma de suas vitórias ou performances excepcionais.[48] Note-se que, no caso de Chica Barrosa, dispomos de registros muito mais escassos do que os relativos a Inácio e Caetano. No entanto, parece-nos pertinente especular sobre uma provável presença da tópica do marco em seu desafio com Martins, já que Barrosa foi, segundo Almeida e Sobrinho, uma das pouquíssimas cantadoras ou cantadores paraibanos do século XIX que se bateram com colegas cearenses[49] – o que pode ter feito com que a tópica da origem e da localidade representadas por cada um dos cantadores dificilmente tenha sido negligenciada em suas performances.

---

47 *Ibidem*, p. 123; 121-127.

48 Para Almeida e Sobrinho, que representam uma espécie de "memória oficial" da cantoria, "Xica Barrosa foi vencida num desafio em 1910 por Neco Martins e venceu Manoel Francisco em Pombal." ALMEIDA, A.; SOBRINHO, J. A. *Dicionário..., Op. Cit.*, p. 85. Medeiros, porém, contesta a derrota de Barrosa, ao oferecer uma explicação alternativa para a interrupção do duelo: "O duelo ia avançando noite adentro. Os presentes exigiram um desafio mais acalorado. Barrosa, por ser grande repentista, e pela diferença do nível social, mereceu mais aplausos da plateia. Neco, irritado, lançou mão de uma arma para alvejá-la. Barrosa não teve saída a não ser correr." MEDEIROS, I., *Op. Cit.*, p. 112.

49 ALMEIDA, A.; SOBRINHO, J. A. *Dicionário..., Op. Cit.*, p. 85.

Para além do marco como tópica

Vimos acima que nas versões de dois embates em diversa medida "fundadores" da cantoria,[50] protagonizados por cantadores negros e "brancos", o marco esteve, de diferentes modos, presente. Nelas foram mobilizados seus conceitos e imagens básicos, configurando-se sua utilização como tópica, em um provável esforço, dentre outros aspectos, de contextualização e construção de verossimilhança e monumentalização. Além disso, reitera-se, nos diferentes registros aqui analisados, uma conexão entre as apropriações do marco e a elaboração/assimilação/reinvenção de duelos ocorridos em meio à sociedade escravista ou recém egressa da escravidão, envolvendo negros – homens e mulheres – e "brancos".

Uma outra forma de verificar a proximidade entre, de um lado, os símbolos, conceitos e memórias da escravidão e, de outro, a tópica e o gênero do marco é por intermédio da análise dos marcos efetivamente atribuídos a cantadores negros no mesmo período. No capítulo anterior, procuramos abordar os traços da performance de Severino Perigo, cantador de quem Mota teria transcrito, em *Violeiros do Norte*, um pequeno marco. Um outro caso, particularmente importante, é o de Joaquim Francisco Santana (1877-1917), cantador de Camutanga, pequena localidade pernambucana. A ele dedicaremos nosso próximo capítulo.

Anexo

Devido à sua extensão, optamos por suprimir alguns trechos das versões de Rodrigues de Carvalho e Francisco das Chagas Batista para o(s) desafio(s) entre Manuel Cabeceira e Manuel Caetano.

Por estarem já publicadas, na íntegra, em obras de mais fácil acesso, não transcrevemos as várias versões da peleja entre Inácio da Catingueira e Francisco Romano.

---

50 Versões essas que nos parecem dever ser vistas *em relação* – e, assim, como centrais para a formação do espaço da cantoria no século XX.

Desafio de Manuel Cabeceira e Manuel Caetano

Versão de Rodrigues de Carvalho:

Manoel Cabeceira mandando chamar Manoel Caetano:

'Cavalleiro, pega esta,
Toma esta e volta já,
Vai dizer ao Caetano
Que eu mandei-o chamar.'

O portador disse á Caetano:

'Senhor Manoel Caetano,
Eu não o vim visitar,
Mandou dizer Cabeceira,
Que o senhor lhe fosse lá.'

Caetano respondeu:

'Diga a Manoel Cabeceira
Que eu lá não posso ir,
Que estou desfabriçado,
Que não tenho o que vestir.
Mande um cavallo sellado,
Liforme de gasimira
P'ra Caetano poder ir.

Um caçoar de sabugo
Conduzi lá p'r'o açude,
Quanto mais eu me esfregava,
Quanto mais sahia grude.
Passei um grande tormento.
Pois só tinha me lavado
No dia do nascimento.

Então calcei a botina
Depois de muito trabalho,
Botando o bico p'ra traz,
A gravata na cintura
E o relogio no pescoço,
Na mente que era chocalho.
E sahi por acolá afóra
Abanando os arovalhos,
E agora acabei de crer
Que assim é o que os homens faz.

Amontei no meu cavallo
A galope, na carreira,
Fui acudir ao chamado
Do seu Manoel Cabeceira.
E quando avistei a casa,
Que apeei-me no terreiro,
Antes de apertar-me a mão
Deu-me um abraço primeiro…
Entramos de braço dado
Como bem dous pareceiros.

A moça que ia casar
Disse: Caetano assenta ahi,
Numa rede de varanda
Que eu cheguei a descahir.

[…]

Senhor Manoel Caetano,
Alú vai, me trate bem,
No pilão que eu piso milho
Pinto não como xerem,
Nem vou engordar capão

Para dar mimo a ninguem.
Caetano respondeu:
Eu Manoel, você Manoel,
Cuidemo em ser xarapim,
Que mais vale um negro bom
Do que cem brancos ruim.

Cabeceira:
Senhor Manoel Caetano,
Você deve respeitar-me,
Pois sou moço de famia,
Tanto sou na qualidade,
Como sou na cantoria.

Caetano:

'Conheço muito o seu pai,
E sei bem elle quem é:
Dava um dia por dez tões
Lá na beira da maré.
Me diga, pois, seu fidalgo,
O que vosmincê mais qué?!

Cabeceira:
Mandei fazer um partido
Na varge do bebedor,
P'ra plantar cana caiana
Pr'a me formar de doutor.

Caetano:
Si plantar canna cayana
Stás c'o serviço perdido:
Me viro n'um guaxinim
Vou desgraçar teu partido.

Cabeceira:
Em casa tenho um cachorro
Preto, branco e surubim,
Que está muito acostumado
A desgraçar guaxinin.

Caetano:
Nem teu cachorro me ladra,
Nem teu cavallo me rincha,
Nem tua espingarda atira,
Nem teu facão me distrinxa.
Pega lá, meu Cabeceira,
Recebe esta pechincha.

Cabeceira:
Senhor Manoel Caetano,
Negro do pé de rebollo,
Si passo a mão, vejo a queda,
Passo o pé, vejo o rôllo;
Na ponta de minha lingua,
Ha quatro mil desaforos.

Caetano:
Tenho talento no braço
De pegal-o na cintura,
No meio de trinta homens
Minhas tres quedas são seguras.

Cabeceira:
Minha mãi bem me dizia,
e agora acabei de crer,
Quem com porcos se mistura
Farellos vem a comer.

Caetano:
Quando eu vim de lá de cima
Que passei lá no Breginho,
Deixei tua mãi parida
Com um bando de bacurinho,
Com uma corrente no pé
E uma argolla no focinho.

Cabeceira:
Quando eu vim de lá de cima
Que passei em Mato-Grosso,
Deixei tua mãi parida
Com um chocalho no pescoço,
Olhe, não bula commigo,
Senão o barulho é grosso.

Caetano:
Nas profundas do inferno
Tem uma caldeira fervendo,
Com tua mãi de uma banda,
Com uma colher mexendo
E os diabos todos do inferno
Nas suas costellas comendo.
(Acabou o desafio em briga).

Manoel Caetano foi um dos notaveis poetas populares da Parahiba; trovador repentista, descendente pronunciado da raça africana. O scenario de suas proezas foi a zona brejosa daquelle Estado, de Araruna á Campina Grande, de Alagoinha á Barra de Santa Roza.[51]

51 CARVALHO, R. de, *Op. Cit.*, p. 171-176.

Versão de Francisco das Chagas Batista

Manoel Cabeceira (1845-1914)

Manoel Cabeceira, natural do Rio Grande do Norte, tendo emigrado com alguns membros de sua familia, no anno de 1870, veio fixar residencia no municipio de Bananeiras, do Estado da Parahyba. Era cantador repentista; rimava com espantosa facilidade, sabia ler e escrever. Seu irmão, José Cabeceira, tambem cantava, porem não tinha o talento e a veia poetica de Manoel Cabeceira, que era um verdadeiro genio da poesia popular. Era elle um typo vermelho e de cabellos enroscados; tinha muita coragem e não era malvado; gostava da lucta.
Nunca um aggressor puchou uma arma para o ferrir, que não se visse desarmado immediatamente. Cabeceira, que não era um perverso tomava-lhe as armas num abrir e fechar de olhos; dava-lhe algumas quedas e o mandava ir embora. Quando algum Capitão de Campo não conseguia prender um escravo fugido, era Manoel Cabeceira quem ia amarrar o negro.
Certa vez, na feira de Goyanna, um delegado de policia chegando-se a Cabeceira disse-lhe: 'Esteja preso!'. Cabeceira, fazendo um rapido movimento com as mãos, disse: 'Eu o matei!'. O delegado deu um grande pulo e Cabeceira, rindo-se fugiu por entre a multidão dos matutos feirantes.
Em 1908 tive occasião de ouvir Manoel Cabeceira cantar na villa de Serraria. Ouvi-o com grande admiração cantar repentes, meia hora em sextilhas, fazendo as estrophes todas em rimas fechadas, como fez Camões nos Luziadas.
Publico em seguida a celebre peleja de Manoel Cabeceira com Manoel Caetano.
Cabeceira estava cantando na fazenda 'Pedra d'Agua', quando recebeu uma carta do Capitão João de Mello, de Chã do Moreno, avisando-o de que o Moreno estava tomado pelo cantador Manuel Caetano.
Cabeceira ao receber a carta, seguiu immediatamente para Moreno, afim de defender o logar de sua residência. Despedindo-se do povo de 'Pedra d'Água', com o seguinte improviso:

'O Moreno está tomado

Eu volto e vou defendê;

Mas, se eu apanhar do negro,
Dez annos ninguem me vê."

Ao chegar em Moreno, foi recebido por Manoel Caetano com a seguinte estrophe:

Manoel Caetano:
Deus vos guarde, meus senhores,
Que estou cantando bem;
Quem é o Manoel Cabeceira,
Dos cavalleiros que vêm?
Pode ser cantor de fama,
Mas, p'ra mim não é ninguem!
Manoel Cabeceira:
Negro Manoel Caetano,
Focinho de papa-vento,
Tanto eu tenho de vermelho
Como tú tens de cinzento:
Por que entraste em Moreno
Sem o meu consentimento?

Caetano:
Não preciso de licença,
Para cantar em Moreno.
Eu para dar em cantor
Occupo qualquer terreno;
Homem que rouba cavallo
(nota: diziam as más línguas que Manoel Cabeceira dava-se ao esporte de furtar cavalo, entretanto isso nunca foi provado)
Passa a noite no sereno.

Cabeceira:
Negro, trate com respeito,
Não seja tão atrevido;
Passo a noite no sereno

Atraz de negro fugido;
Você pode ser captivo
E andar aqui escondido

Caetano:
Senhor Manoel Cabeceira
Pode inchar o seu 'gogó',
Quanto mais estremecer
Mais eu lhe dou de cipó;
Hoje eu lhe trago apertado
Como rato no quixó.

Cabeceira:
De onde veio esse negro
Do cabello pixaim?
Que está parecendo ser
Da familia de Caim?
Nunca gostei de mulato
Porque é gente ruim!

Caetano:
Você me chama de negro
Do cabello pixaim?
Meu cabello leva banha
E o seu leva toicim;
Me diga 'seu' sarará,
Quanto você deu por mim?

Cabeceira:
Negro, encurta essa lingua,
Vae conhecer teu logar;
Olha que eu sou homem branco
Que nasci para mandar;
Eu não sou da tua igualha,
Muleque pé de 'xambar'.

Caetano:
Me comparou com a cabra
Sem eu ser do seu chiqueiro?
Está me chamando negro
Sem eu custar seu dinheiro?
Se quiser ser respeitado,
Respeite o negro, primeiro.

Cabeceira:
Negro, podes ir embora,
Porque de ti não preciso;
Tu não podes cantar mais
No terreno em que eu piso;
Aqui na Chã do Moreno
Caso, confesso e baptizo.

Caetano:
Você a mim não baptiza,
Porque já sou batizado,
Não confessa e nem me casa,
Porque eu já sou casado;
Quedê a tua batina
Vigário descoroado!...

Cabeceira:
Senhor Manoel Caetano,
Eu sou Manoel Cabeceira,
Tenho montes elevados
Que ninguem sobe a ladeira;
Hoje aqui você verá
Isso, quer queira ou não queira.

Caetano:
Senhor Manoel Cabeceira,
Mais alta é a Borborema,

Mas eu subo em qualquer canto
Sem temer que o peito gema;
Quanto mais você que é baixo
E que já tomei-lhe a extrema.

Cabeceira:
Manoel Caetano, eu agora,
Preciso te declarar
Que no assumpto cantoria
Nunca achei, tomára achar
Um cantador de viola
Que me fizesse calar.

Caetano:
Então eu vou dar um páo
Para você se atrepá,
No tronco, eu boto uma onça,
No meio um maracajá,
Em cada galho de inxú
E no olho um arapuá.

[...]

Cabeceira:
Hontem eu vi tua mãe
Deitada dentro de um ninho;
Mais tarde forçando a lama,
Com uma argola no focinho,
Mastigando nó de canna,
Com um bando de bacorinho.

Caetano:
Eu tambem vi tua mãe
Na capoeira amarrada,
Comendo capim de planta,

Se espojando encabrestada;
Parece muito contigo,
Tem até a cor rudada.
Cabeceira:
'Seu' Capitão João de Mello
Dê licença, sem demora,
E veja eu rasgar um negro
No cachorro da espora!

Caetano:
Senhores que estão na casa
Do capitão João de Melho,
Venham ver como é que um negro
Estraçalha um amarello!

O dono da casa, vendo que os cantadores queriam brigar, mandou suspender a cantoria e procurou evitar o conflicto.

Os dois cantadores olharam-se, comprehenderam que ambos eram bons repentistas e tinham coragem igual. Então, apertaram-se as mãos e se tornaram bons camaradas. Cantaram, juntos diversas outras vezes, mas, nunca mais em desafio[52]

52 BATISTA, F. das C., *Op. Cit.*, p. 88-95.

3. Representação gráfica de "A fortaleza que levantei dentro de uma lagoa", pela artista Marina Januzzi Nabuco de Araújo (2016).

Os marcos de Sem Fim os registros do canto e da escrita de Joaquim Francisco Santana 1877-1917

Introdução

O cantador negro Joaquim Francisco Santana, também conhecido como Joaquim Sem Fim, ou simplesmente Sem Fim, foi uma figura presente tanto na obra de folcloristas como em pelejas publicadas nas primeiras décadas da literatura de folhetos brasileira. Mais do que isso, foi atribuída a Sem Fim, sem especificação de data, a autoria de dois marcos (que constituem antes duas versões para o mesmo movimento de construção de *um marco*), intitulados "A defeza da lagoa" e "A fortaleza que levantei dentro de uma lagoa". O primeiro foi publicado por Francisco das Chagas Batista, em 1929; o segundo, por José Bernardo da Silva, em 1953, tendo sido republicado, em 1981, por Átila Almeida e José Alves Sobrinho.[2]

---

1 Uma primeira versão deste capítulo foi publicada em 2017, na *Luso-Brazilian Review*: IUMATTI, P. T. "Herança escravista e forma poética no Brasil: as apropriações do gênero do Marco por um cantador afrodescendente, Joaquim Francisco Santana (1877-1917)". *In*: *Luso-Brazilian Review*, n. 1, v. 54, jun. 2017, p. 28-54.

2 SANTANA, J. F. "A defeza da lagoa". In: Batista, F. das C., *op. cit.*, p. 130-135; SANTANA, Joaquim Francisco [SILVA, José Bernardo da (?)]. 1953. "A fortaleza que levantei dentro de uma lagoa". In: SILVA, José Bernardo da. *Conselhos aos noivos*. Juazeiro do Norte: Tipografia São Francisco, 1953, p. 9-16. Código: [150180]CO148, Fundação Casa de Rui Barbosa, Rio de Janeiro. Disponível em: http://www.casarui-

Para além da verificação das relações entre o universo do marco e o da sociedade escravista e suas "marcas", veremos, neste capítulo, que o estudo desses marcos, bem como das questões suscitadas por sua publicação em diferentes contextos, nos permite vislumbrar os dilemas da inserção de um cantador afrodescendente e de sua voz no universo da "sociedade branca" do pós-Abolição. Tais dilemas envolveram disputas relativas à memória dessa inserção, o que estudaremos tendo em vista os processos, em curso, de construção dos espaços de exclusão racial em múltiplos níveis. Em cotejo com os registros de pelejas em que Sem Fim foi personagem, utilizaremos tal análise para construir algumas hipóteses quanto às caraterísticas do pensamento, do estilo poético e das estratégias de performance do cantador.

Rastros da trajetória do cantador Joaquim Francisco Santana

Nenhum estudo acadêmico tematizou, até hoje, a trajetória e a obra de Joaquim Francisco Santana. Tampouco os trabalhos de folcloristas e os folhetos de cordel deram a ele muita atenção – conquanto o mencionem com alguma frequência (o que é para nós, evidentemente, de grande valia). Ainda assim, dispomos de informações um pouco mais detalhadas relativas ao cantador, fornecidas pela coletânea de Francisco das Chagas Batista[3] e pelo dicionário de Almeida e Sobrinho.[4] Tais informações não evitarão, por certo, que nossa tentativa de esboço de sua trajetória seja essencialmente lacunar. Procuraremos, porém, cruzá-las com dados hauridos da bibliografia histórica sobre a sociedade escravista em que Sem Fim veio ao mundo e se formou.

Joaquim Francisco nasceu em 1877, em Camutanga, pequena localidade da Zona da Mata Norte de Pernambuco, na fronteira com

---

barbosa.gov.br/cordel/acervo.html. Último acesso em: 09/02/2017. A transcrição de "A defeza da lagoa", em versão quase idêntica à publicada por Batista, foi realizada por ALMEIDA e SOBRINHO (orgs.), *op. cit.*, p. 41-45. "A fortaleza que levantei dentro de uma lagoa" foi também incluída por Almeida e Sobrinho em sua coletânea. *Ibidem*, p. 35-40.

3 BATISTA, F. das C., *op. cit.*, p. 143.

4 ALMEIDA, A.; SOBRINHO, J. A. *Dicionário...*, *op. cit.*, p. 242-243.

a Paraíba; tendo falecido em 1917, em Mari, na Paraíba.[5] Essas duas localidades podem ser vistas como balizas de um percurso itinerante marcado pela atividade de cantador. Tal atividade parece ter sido exercida em alternância entre o litoral paraibano,[6] Guarabira, Campina Grande e, especialmente, Itabaiana,[7] talvez incluindo a própria Zona da Mata Norte de Pernambuco e proximidades.[8] Ao longo desse percurso, Joaquim Francisco teria tido a parceria de seu irmão Manoel, também cantador.

Nascido seis anos após a Lei do Ventre Livre, em uma região que teve muita importância como exportadora de açúcar ao longo dos oitocentos, sua experiência social foi a de um homem negro que vivenciou, na infância, o contexto escravista marcado por uma institucionalidade crescente, mas não linear, da luta pela liberdade e pelo movimento abolicionista.[9] Não sabemos se os pais ou avós de Joaquim Francisco foram escravizados. Todavia, é certo que, tal como alguns outros cantadores afrodescendentes,

5 *Ibidem*, p. 243. Cascudo, porém, informa ter o cantador nascido e morrido em Camutanga: "Nasceu em Camutanga, Pernambuco e aí faleceu." CASCUDO, L. da C., *op. cit.*, p. 312.

6 Almeida, A.; Sobrinho, J. A., *op. cit.*, p. 243.

7 Com efeito, há duas pelejas que anunciam duelos de Joaquim Francisco em Itabaiana, Paraíba, na fronteira com Pernambuco, nas proximidades de Camutanga: ATHAYDE, J. M. (?). "Martelo de José Duda com Joaquim Francisco em Itabaiana". Recife: João Martins Athayde, s.d. Código: AA5016, Biblioteca Átila Almeida, UEPB; e "Uma surra que Antonio da Cruz levou do negro Joaquim Francisco em 1908 na cidade de Itabaiana". Guarabira, 1950. Código: AA6201, Biblioteca Átila Almeida, UEPB.

8 Em sua peleja com José Duda, o personagem Joaquim Francisco afirma nunca ter ido a Pernambuco nem ao Recife: "JF – [...] Eu ainda não fui a Pernambuco [...] JF – Eu dispenço collega seu favor/ Não preciza tanto assim se emcommodar/ Nunca fui ao Recife, porem indo/ Não me perco nem precizo perguntar/ Eu no rasto de um cantor ando 2 annos/ Só descanço no dia que o pegar." ATHAYDE, J. M. (?). "Martelo de José Duda com Joaquim Francisco", *op. cit.*, p. 2-3. Todavia, essa peleja apresenta informações inexatas, como dizer que Joaquim Francisco era paraibano.

9 Ver Carvalho, M. J. "O quilombo de Malunguinho, rei das matas de Pernambuco". In: REIS, J. J; GOMES, F. dos S. (orgs.). *Liberdade por um fio: história dos quilombos no Brasil.* São Paulo: Companhia das Letras, 1996, p. 407-432. ALONSO, A. *Flores, votos e balas.* São Paulo: Cia das Letras, 2015, p. 118-202.

cativos ou não, ele encontrou, no espaço ritual da cantoria, que se rearticulava com a crise da escravidão – e se rearticularia uma vez mais, no pós-Abolição – um caminho para a realização de seu talento poético. Assim, segundo Chagas Batista, Joaquim Francisco teria "deixado de ser agricultor para ser cantador", sabendo ler e "conhecendo praticamente alguns ramos das sciencias vulgares." Referindo-se ao cantador, o mesmo poeta e folclorista avaliava ainda que a "sua veia poetica era franca, o seu repente era facil e inspirado./ Diziam os cantadores seus contemporaneos que o negro Joaquim Francisco era invencivel."[10]

É importante atentarmos para esse passado como "agricultor", atividade que parece ter sido por Sem Fim *abandonada.* Com efeito, em versos atribuídos ao cantador, percebe-se o conhecimento do universo opressivo do trabalho no campo, como na seguinte estrofe de "A fortaleza que levantei dentro de uma lagoa":

Quem for tomar banho nesta lagôa
tem que fazer os trabalhos que eu quizer
lava roupa, engoma, cose e fia
fazendo os trabalhos de mulher,
broca mato, planta, cisca e encoivara
e leva relho se a limpa não me der [11]

Não é decerto absurdo afirmar que nesses versos o cantador – ou mesmo seu eco mais ou menos distante – possa ter invertido o que era a posição ou a imagem da posição mais frequente em que estavam os negros no ambiente rural (no caso referido, inclusive aludindo, sem empatia alguma, a seu polo de exclusão mais extremo: o das mulheres negras). Com isso, ele se impunha àqueles que ousassem transgredir o seu domínio: de trabalhador rural possivelmente oprimido, ou não

10 BATISTA, F. das C., *op. cit.*, p. 143.

11 SANTANA, J. F. "A fortaleza que levantei dentro de uma lagoa". In: SILVA, J. B. da, *Op. cit.*, p. 13. Ver também ALMEIDA, A.; SOBRINHO, J. A. (orgs.). *Marcos...*, *Op. cit.*, p. 38. Em nossas transcrições, a pontuação segue rigorosamente a edição "original", de 1953, já que há algumas pequenas mudanças na edição de Almeida e Sobrinho.

plenamente reconhecido (e não se podem excluir as alternativas de inserção dos afrodescendentes em níveis mais elevados da pirâmide social, embora persistisse, *no mínimo*, em qualquer situação, a opressão do preconceito racial), ele passava a ser aquele que ordenava e punia.

Conquanto a caracterização da sociedade escravista ou pós-escravista como extremamente opressiva não tenha saído do horizonte da historiografia contemporânea, esta vem procurando, como já observamos anteriormente, vislumbrar os espaços de autonomia e negociação que se apresentavam a cativos e libertos. Apoiando-se no clássico estudo de Manuel Correia de Andrade, M. J. Carvalho, M. M. Cunha e M. S. Simon observaram, por exemplo, que na Zona da Mata Norte de Pernambuco, já na virada para o século XIX, havia se consolidado um padrão de produção econômica menos concentrada do que na Zona da Mata Sul, com o algodão, a mandioca, o fumo e a criação de pequenos rebanhos coexistindo com a produção de açúcar. Assim, na Zona da Mata Norte, havia roceiros e agricultores livres, "com plantéis de cativos supostamente menores que os coevos da zona da mata úmida."[12] Seria este um panorama também pertinente a Camutanga, ou, de alguma forma, àquele vivenciado por Joaquim Francisco Santana em sua infância e juventude?

Quando Joaquim Francisco nasceu, a região passava por um momento de rearticulação social e institucional, haja vista os desdobramentos da Lei do Ventre Livre, de 1871, e a proximidade de revoltas como a do Quebra-Quilos – que lá repercutiram. A Lei do Ventre Livre, em particular, e apesar ter se constituído em um caminho "conciliatório" de libertação, abriu margens para que os cativos obtivessem certos benefícios. Entre estes, a legalização do pecúlio – algo que o artigo citado acima constatou em um recurso à Justiça apresentado por um escravizado de um lavrador de cana, na Comarca de Itambé, vila de Pedras de Fogo, nas proximidades de Camutanga.[13]

12 CARVALHO, M. J.; CUNHA, M. M.; E SIMON, M. S. "Liberdade Partida em ¼: alforria e pecúlio em Pernambuco sob a lei do Ventre-Livre". *Documentação e memória*/RJPE, Recife, n. 4, v. 2, jun./dez. 2011, p. 16.

13 *Ibidem*. Uma outra pesquisa tem procurado questionar e cogitar as possibilidades de ampliação da presença de roças de cativos em dois outros importantes municípios da Zona da Mata Norte – Nazaré da Mata, situado mais ao sul em relação a Camu-

Nesse contexto, é possível que vozes como a de Inácio da Catingueira (1874), enunciadas em sítios não muito distantes daquela divisa de Pernambuco com a Paraíba, tenham ressoado fortemente. Assim, encontrando meios para desenvolver seu talento poético na cantoria, possuindo os modelos de cantadores excepcionais como Inácio e tendo como companheiro e aliado seu irmão Manoel, Joaquim Francisco Santana parece ter tido forças e apoio suficientes para forjar estratégias que lhe permitiriam enfrentar os duros duelos no espaço ritual da cantoria, em que o racismo se manifestava abertamente. Para tanto, tudo indica que adotou a estratégia de atacar seus adversários *com suas próprias armas*: dentre outras possíveis, a religiosidade católica e, em particular, o insulto poético centrado na figura do *diabo*.

No entanto, Joaquim Sem Fim não desferiu seus golpes de uma maneira qualquer. Pelo contrário, seus ataques foram veiculados, via de regra, valendo-se *do registro hiperbólico – e também "bélico" – característico do gênero do marco*.

O universo poético de Joaquim Francisco

Os registros da memória de Joaquim Francisco Santana são, como é comum na cantoria, superlativos. O *Dicionário bio-bibliográfico de repentistas e poetas de bancada* nos informa, por exemplo, que ele teria sido um cantador "de primeira linha", dentre outras informações importantes, algumas delas tomadas da nota biográfica redigida por Francisco das Chagas Batista, em seu livro de 1929:

---

tanga, e Goiana, mais ao leste (além de Pedras de Fogo) –, percorrendo indícios de envolvimento de lavradores de roça, arrendatários e sobretudo escravizados em "questões de terra" nas décadas de 1870 e 1880. Sem ser conclusivo, o trabalho todavia afirma que os "processos cíveis de manutenção de posse (63,7%), demarcações (tendência de aumento a partir da década de 1870), embargos e arrendamentos, envolvendo a defesa de situações rurais e terra, nos apresentam indicativos de um forte sentimento de defesa das terras no final da escravidão da Mata Norte." OLIVEIRA, E. L. de S. "Múltiplas faces dos conflitos de terra: escravos, lavradores de roça e senhores no final da escravidão na Mata Norte de Pernambuco". In: SIMPÓSIO NACIONAL DE HISTÓRIA, Fortaleza, 25, 2009. Anais do XXV Simpósio Nacional de História – História e Ética. Fortaleza: ANPUH, 2009. CD-ROM.

> [...] Atuou com seu irmão Manoel, também cantador, no litoral paraibano. Escreveu "A defeza da lagoa", um marco, transcrito por Chagas Batista em Cantadores e Poetas Populares. Sem Fim era preto, sabia ler e escrever, tinha alguma instrução e seu "repente era fácil e inspirado". Cantador de primeira linha. Sustentou um desafio com Antonio Ferreira da Cruz outro cantador e poeta popular de invergadura. Desse desafio, Gustavo Barroso dá notícia em "Ao som da viola". Antonio da Cruz, dando mostras de grande senso de humor publicou sobre essa peleja um folheto intitulado: "Uma surra que Antonio da Cruz levou do negro Joaquim Francisco em 1908 na cidade de Itabaiana".[14]

Apesar do exagero que caracteriza a forma como é evocada a memória dos cantadores em muitos casos, chamam particularmente a atenção os dados relativos a Joaquim Francisco. Afinal, não é qualquer cantador negro que consegue um reconhecimento tão cabal, por seu adversário, de sua vitória – como teria sido, aparentemente, o caso do reconhecimento da vitória de Joaquim Francisco por Antonio da Cruz (e mesmo que tenha se cercado de ironia e outros sentidos que envolviam detração).[15] E ainda mais se consideramos que o insulto relativo à cor e à "raça", constante, como temos visto, nos embates entre cantadores negros e "brancos" desse período, pode ter estado no cerne desse desafio. É este, certamente, o caso da versão transcrita por Gustavo Barroso ("Senhor dono da casa, dê licença/ Para eu dar neste negro em seu salão/ Fazer elle beijar a minha mão,/ Ajoelhar-se a meus pés, tomar-me a bençam.[...]").[16]

Na peleja de Joaquim Francisco com Antonio da Cruz, escrita por este último, vemos os cantadores debaterem ciência, mitologia, matemática etc. Semelhantes temáticas, em geral englobadas, no

14 ALMEIDA, A.; SOBRINHO, J. A. *Dicionário..., op. cit.*, p. 243. Câmara Cascudo, por sua vez, descreve Joaquim Francisco Santana como "negro, forte e cantador valioso, inspirado e de respostas felizes". CASCUDO, L. C., *op. cit.*, p. 312.

15 CRUZ, A. da. "Uma surra que Antonio da Cruz levou do negro Joaquim Francisco em 1908 na cidade de Itabayana". Guarabira, 1950. Código: AA6201, Biblioteca Átila Almeida, UEPB.

16 BARROSO, G., *op. cit.*, p. 570.

universo da cantoria, pela única rubrica do "cantar ciência", culminam, ali, na proposição, feita pelo Sem Fim-personagem, de cantar na "Lingua d'Angola". Significativamente, esta foi mimetizada, nas trocas entre os cantadores-personagens, com bem poucas recorrências a vocábulos de real origem africana ou que evocavam de alguma forma a África. Tal nó poético é apresentado, porém, como o fator decisivo para a vitória do cantador negro:

JF – Mandasse eu cantar na frente
vou ti calar á viola
porque tu não cantas nada
só, és metido á pachola
para não cantares mais
abasta á lingua Dangola
AC – Lingua Dangola eu não canto
que não sou habilitado
até com seu portuguez
eu já estou apertado
quanto mais lingua d'angola
cante que eu fico calado.
JF – Doudo deidelo, maluco,
caca, camarão na loca
siripi, siripipoca
apipôco e apipuco,
forreiro, ferro, trabuco,
sacrimi, sacrimineu
pompa, pompilio, pompeu,
céu e terra arco e vento
guitarra, gaita, instrumento
o cantor daqui sou eu
JF – Caraca, vira seroca
Bacharel, baxio, baixa

caçamba, cachola e caixa
estalo, gruta e pipoca
fôgo, fuguete e taboca
taca, tatú e sofreu
Tobiba Manoel de Abreu
atalho, cerco e manobra
toma exemplo nesta obra
o cantor daqui sou eu
AC – Apanhei por esta forma
foi medonha a carretilha
eu sahi de junto dele
me sentei em outra pilha
e todo cantar do negro
era uma maravilha[17]

Dessa forma, e depois de uma disputa equilibrada, Antonio da Cruz reconhecia a superioridade de Sem Fim – mas em um (suposto) código altamente desvalorizado no espaço da cantoria e do cordel. A vitória de Sem Fim não era, portanto, no folheto, uma "verdadeira" vitória. O que tudo indica ter sido uma estratégia de Antonio da Cruz para lidar com sua derrota em um possível "duelo real". Antonio da Cruz entrava, pois, com a publicação desse folheto – que de fato teve várias reedições –, em um terreno de disputas pela memória bastante característico do gênero da peleja.

De todo modo, o fato é que Joaquim Francisco aparece, tanto nessa peleja como em outros registros, como um cantador especialmente dotado. Para entendermos essa particularidade, um elemento que nos parece importante é a compreensão das suas estratégias. Mesmo que pelo filtro da literatura de cordel e dos registros dos folcloristas, acreditamos ser possível entrevê-las. Uma delas tem a ver com o fato de ele ter

17 CRUZ, A. da. "Uma surra que Antonio da Cruz levou do negro Joaquim Francisco em 1908 na cidade de Itabayana". Guarabira, 1950, p. 16-17. Código: AA6201, Biblioteca Átila Almeida, UEPB. Agradeço a Tiganá Santana pela ajuda na interpretação desses versos.

recorrido frequentemente à inversão da comum associação entre o *negro* e o *diabo* – associação presente não só em tantas e tantas pelejas, mas também em folhetos com temáticas as mais diversas.[18] Com efeito, no martelo transcrito por Gustavo Barroso, uma característica marcante da estratégia do cantador diz respeito à insistência na tematização do diabo – que aparece projetado na figura de seu oponente:

J. – Antes disso eu lhe obrigo
A dizer por sua própria bôcca
Que a sua sorte foi tão pouca,
Que o diabo é seu tio e seu amigo,
Que nasceu por desgraça e castigo,
E de Poncio Pilatos é irmão.
Foi Herodes quem lhe deu educação
E o céo para elle não agrada,
Que o inferno será sua morada
E Judas foi seu mestre e seu patrão! [19]

Também nos versos citados por Câmara Cascudo da peleja entre Joaquim Francisco e José Claudino, em *Vaqueiros e cantadores*, constata-se a utilização da mesma estratégia, desta vez mais explicitamente relacionada à tópica do marco (outra das recorrências/estratégias que nos parecem ajudar a explicar a excepcionalidade das performances de Sem Fim):

És Francisco, eu sou Claudino,
faço medo a cantador
que só boi brabo a moleque;
nesta terra sou condor,
e mais além sou monarca,
sou grande como Petrarca,
tenho dos reis o valor...

---

18 Ver, em particular, o estudo de GOMES, G., *op. cit.*

19 BARROSO, G., *op. cit.*, p. 573.

Tudo isso é ninharia...
Se és Claudino, eu sou Francisco
Dou choque nos cantadores
como o trovão e o curisco.
Embora seja o Demônio
não entra em meu patrimônio...
onde vive um tigre arisco... [...] [20]

Essa passagem é característica de todas as pelejas em que Joaquim Francisco é personagem. A tópica do marco está presente na totalidade dos versos (Claudino se apresenta como "monarca"; Sem Fim afirma ter maiores poderes e possuir um patrimônio inviolável defendido por uma fera; etc.). Em meio a ela, o demônio pode ser visto como associado ao extremo maligno católico, o que faz com que a referência ao mesmo possa ser interpretada como parte de uma estratégia de luta centrada nas hipérboles – no caso, uma "hipérbole negativa". Vimos, a propósito, nos capítulos anteriores, que essa era uma das dimensões constitutivas de uma poética oriunda de uma sociedade escravista.

A insistência no recurso à figura do diabo casa-se também com a possibilidade de o cantador ter sido muito religioso, como nos sugere um comentário de sua peleja com o demônio.[21] Em um contexto em que vários elementos afro são de fato demonizados pela Igreja, formando uma das bases principais para a detração de homens e mulheres negras no universo oficial, Joaquim Sem Fim parece ter se esmerado em dominar os símbolos, figuras e valores do catolicismo (e aqui se vê o quanto o

---

20 CASCUDO, L. da C., *op. cit.*, p. 223. Ver também: "Peleja de Joaquim Francisco e José Claudino", p. 1-2. Código: MA-DLP-P17-13, *Fundo Villa-Lobos* (Fundo Mário de Andrade), Arquivo IEB-USP.

21 OLIVEIRA, E. R. de S. de. *O diabo ridicularizado na literatura de folhetos do Nordeste*. Dissertação (Mestrado em Literatura) – Universidade Federal de Santa Catarina, Florianópolis, 2013, p. 83. Disponível em: http://www.uniedu.sed.sc.gov.br/wp-content/uploads/2014/12/Dissertação-Estela-Ramos-de-Souza..pdf. Acesso em: 18 nov. 2015.

folheto escrito por Antonio da Cruz pretendia ser ofensivo!).[22] Nesse sentido, é reveladora, no martelo coletado por Barroso, a quantidade de referências a figuras bíblicas (Poncio Pilatos, Herodes, Judas) – todas elas qualificadas e pertinentes.

A importância da religiosidade na construção de Joaquim Francisco como cantador e *performer* pode ser vista ainda na famosa "Peleja de Joaquim Francisco com o demônio". Significativamente, a peleja se iniciava com a apresentação de Sem Fim como "rei dos cantadores":

Leitores vou descrever
Uma animada peleja
Que o rei dos cantadores,
Numa herdade sertaneja
Teve com o Satanás
Que do inferno é capataz
[...] o pai da inveja.[23]

Tal apresentação apenas agudizava sua oposição ao tinhoso, ao enfatizar seu pertencimento ao "polo extremo do bem" – o qual estará vinculado, ao longo da peleja, à religiosidade católica. No folheto clássico, de tom dramático, era justamente no momento em que Joaquim Francisco propunha que as trocas poéticas se revezassem em torno dos "officios da Eterna Santidade" que ele começava a vencer e, de fato, vencia a peleja. Vale a pena transcrever alguns trechos mais extensos de suas passagens finais:

Camarada pois vamos penetrar
Nos mysterios da grande divindade,
Quero ver se você sabe tambem

22 Todavia, não excluímos que se possa constatar, nos marcos a ele atribuídos, elementos africanos.

23 "Peleja de Joaquim Francisco com o Demônio", Popular Editora, s. d., p. 1. Código: AA6321, Biblioteca Átila Almeida, UEPB.

Os officios da Eterna Santidade
Se você é vivente deste mundo
Hei de agora saber a realidade
[...]
JF – Então vamos ver
Quem vencendo sai
Quem tem mais poder.
'Agora labios meus
Dizei e annunciae,
Os grandes louvores
Da virgem mãe de Deus,
Sêde em meu favor
Virgem Soberana
Livrae-me do inimigo!
[...]
D. – Joaquim, vou calar
A minha viola
Pois já me consola
De tanto lhe dar,
Mais você tomou
Um outro terreno
E vai a pedir
A mãe do Nazareno,
Para lhe acudir
Porque apanhou.
Neste ponto o cão parou
O povo ficou pasmado;
E tudo se ajoelhou
Resando mudo e calado,
Mas Joaquim continuou
O officio imaculado.
[...]

O Demonio que já estava
Tremendo e todo assombrado,
Quando Joaquim foi dizendo
O ultimo officio sagrado.
Deu um estouro tão grande
Que tudo ficou pasmado.

Sentiu-se um cheiro de chifre
E de enxoufre se queimando,
Era o diabo que voava
P'ra seu antro miserando,
E desta forma Joaquim
Ficou sempre triumphando.

Foi essa a grande peleja
Que teve o rei dos cantores!
Joaquim Francisco morreu
Coberto de muitas flores,
Pois elle nunca apanhou,
Mas esfolou cantadores

O Negro Joaquim Francisco
Não era muito profundo
Nas sciencias invulgares
Mas nessas giras do mundo
Das sciencias populares
Foi primeiro sem segundo.[24]

Embora no folheto o diabo também fosse descrito inicialmente como um *homem negro*, parece-nos que tais versos apresentam um *contra-*

24 "Peleja de Joaquim Francisco com o demônio", *op. cit.*, p. 19-23; 28; 19-29. Código: AA6321, Biblioteca Átila Almeida, UEPB.

discurso em relação à imagem tradicional de detração do afrodescendente, veiculada por tantos cordéis. Nesse sentido, a vitória épica do Negro – com a inicial maiúscula, tal como na última estrofe da peleja –, descrito como mestre das ciências populares/religiosas, sobre um demônio também representado como homem negro poderia ser lida em chave metafórica, ou seja: como vitória sobre a tópica poderosa do *negro-diabo*. Uma vitória do Negro sobre o negro.

A poderosa construção simbólica de Joaquim Sem Fim como opositor do diabo, contida nessa peleja, parece ter sido ao menos parcialmente bem-sucedida, já que a flagramos em outros registros – mas sem referência explícita ao folheto de cordel e aparentemente esvaziada de sua dimensão racial de valorização do negro (que pode ter sido retida, porém, pela memória popular). Por exemplo, na peleja de Francisco Sales com o "Negro Visão". Escrita pelo próprio Francisco Sales Areda, nela o diabo – aqui já travestido, novamente, de "negro" – evocava, em determinado momento, o célebre duelo de Joaquim Francisco com o demônio:

> *N.: - Você já vem com parolas*
> *como fez Joaquim Sem Fim*
> *botando santo no meio*
> *e me chamando ruim*
> *fazendo a mesma besteira*
> *para ver se ataca a mim.*[25]

A luta entre Sem Fim e o capiroto será também mencionada por folcloristas. Câmara Cascudo escreveu, em *Vaqueiros e cantadores*, por exemplo, que

> uma das tradições sertanejas é que Joaquim Francisco se bateu com o Diabo num desafio e o venceu cantando o "Ofício de Nossa Senhora".[26]

---

25 AREDA, F. S. "A malassombrada peleja de Francisco Sales com o Negro Visão". Editor Prof. João José da Silva, s. d., p. 5. Código: FRC3635-0007, Fonds Raymond Cantel, CRLA/Universidade de Poitiers.

26 CASCUDO, L. C., *op. cit.*, p. 312.

"Tradição sertaneja" certamente alimentada pela peleja publicada, acrescente-se.

Por outro lado, a associação do "negro" ao diabo e às "forças do mal" ganharia, ao longo do século XX, cada vez mais força – vide o estrondoso sucesso de "A chegada de Lampião no Inferno", de José Pacheco[27] – o que demonstra a derrota do que poderíamos chamar de *contra-discurso* de Joaquim Francisco (ao menos, nos termos propostos pela sua trajetória e em meio ao campo geral da literatura de folhetos). A propósito, a imagem vencedora de um cantador negro humanizado e opositor do diabo, representando a fé católica[28] e ainda por cima retratado, de forma hiperbólica – ao mostrar-se "invencível" e valer-se frequentemente da tópica do marco –, como "rei dos cantadores" foi, naquele mesmo momento de sua formulação, violentamente contestada. Mário de Andrade, ao comentar

27 PACHECO, J. "A chegada de Lampião no inferno". Juazeiro do Norte: Tipografia São Francisco, 1975. LPCORDEL-MTLAC-214, Arquivo IEB-USP. Tal folheto parece retomar e desenvolver sugestões do próprio Leandro Gomes de Barros, no célebre "Como Antonio Silvino fez o diabo chocar": "Ahi o rei do inferno/ Disse a outro companheiro, / Grite á negrada que acuda/ Que aqui tem um cangaceiro/ E abra o olho com elle/ Elle é muito carniceiro." BARROS, L. G. de. "Como Antonio Silvino fez o diabo chocar". In: ________. *Literatura popular em verso. Antologia.* Rio de Janeiro: Casa de Rui Barbosa / Ministério da Educação e Cultura; João Pessoa: Universidade Federal da Paraíba, Tomo III, v. 2, 1977, p. 238.

28 "Em seus aspectos textuais, essa peleja, diferentemente das demais, é considerada longa. Composta por 29 páginas (geralmente as composições tem apenas oito folhas), materializa o talento dos cantadores, difíceis de serem vencidos. Apenas na 21a página é que o Diabo confirma sua identidade. A partir disso é que Joaquim consegue apresentar alguma vantagem na peleja. Sabendo de quem é seu adversário, passa a invocar santos e a Jesus Cristo. /Por isso, embora com algumas diferenças, esta peleja termina como as demais discussões, Joaquim Francisco triunfa apenas porque mostra-se crente a Jesus e outros santos. De modo que, torna-se evidente que o homem sozinho não é capaz de livrar-se do poder do Adversário. Assim, a face do demiurgo, embora vencido, afasta-se daquela verificável na maioria dos pactos. O Diabo não está em igualdade à criatura humana. Esta é vulnerável e necessita da interseção da divindade e santidade para poder livrar-se do Inimigo." OLIVEIRA, E. R. de S. de, *op. cit.*, p. 83. Disponível em: http://www.uniedu.sed.sc.gov.br/wp-content/uploads/2014/12/Dissertação-Estela-Ramos-de-Souza..pdf. Acesso em: 18 nov. 2015

o preconceito e o racismo contra o negro em diversas manifestações culturais, mencionou, em seu texto "Estudos sobre o negro",[29] uma peleja de Joaquim Francisco que nos parece nesse sentido exemplar. Tal peleja – de que já citamos, acima, duas estrofes, transcritas por Câmara Cascudo – nos coloca, tal como outras pelejas em que figurou Joaquim Francisco Santana (dentre elas, sua própria peleja com o demônio[30]), diante da tópica ou dos conceitos principais do gênero do marco. Assim, no folheto, ao questionar Joaquim Sem Fim, o cantador José Claudino evocou imagens e conceitos que remontavam ao universo do marco (reino; propriedade; poder; senhorio etc.) – já estabelecidos pelo próprio Joaquim Francisco no começo da peleja. E associou Sem Fim, pelo simples fato de ser negro, ao cativeiro, já que "sua casa" seria a "senzala":

> *Eu vou dizer a verdade:*
> *negro não tem senhoria,*
> *não tem reino nem imperio*
> *nem poder nem fidalguia,*
> *negro resmunga e não falla*
> *a sua casa é a senzala*
> *onde vive em gritaria* [31]

---

29 ANDRADE, M. de. "Estudos sobre o negro". Disponível em: http://www.ieb.usp.br/marioscriptor_2/criacao/estudos-sobre-o-negro.html. Acesso em: 02/02/2014.

30 "J. F. Camarada eu habito num castello/ Construido de bronze e mineral,/ Sua torre tem dez milhões de metros/ Só de altura; o tamanho natural/ É mais alto que a torre de Babel,/ É enorme, sem fim, descomunal!/ D: Mas p'ra mim, essa sua fortaleza/ Não resiste, desaba, rui por terra;/ Tenho serras que cortam todo aço/ E serrote que todo metal serra;/ Desta forma eu desfaço seu castello/ E você dentro delle até se aterra./ J. F. Mas, amigo, na minha fortaleza/ Tem setenta mil pares de janella,/ Em cada uma um dragão faz o serviço/ Das mais vivas e alertas sentinellas,/ Basta só um dragão p'ra devoral-o/ Ou fazer encebar suas canellas. [...]". "Peleja de Joaquim Francisco com o Demônio", Popular Editora, s. d., p. 17-18. Código: AA6321, Biblioteca Átila Almeida, UEPB.

31 "Peleja de Joaquim Francisco e José Claudino", p. 4. MA-DLP-P17-13, *Fundo Villa-Lobos* (Fundo Mário de Andrade), Arquivo IEB-USP.

Com efeito, José Claudino visitava Joaquim Francisco em seu "Império" (poderíamos mesmo dizer: seu *Marco*), questionando-o em sua "celebridade" e reinado.[32] Cabia a Sem Fim reafirmar, por sua vez, a sua soberania ("[...] e demais aqui sou rei/ tenho coroa de papa/ e tenho cajado e capa/ de um cantor que já matei").[33] Mas o grande ponto é que a peleja se encaminhava para as trocas poéticas centradas na questão da cor e da escravidão ("[...] eu sou negro de renome/ tenho fama em toda parte / você é branco sem nome [...]"; "[...] eu sou branco e sou altivo/ trago a fronte levantada/ porque nunca fui captivo/ se voce é brasileiro/ mas já foi do cativeiro/ pra mim voce é morto vivo [...]"[34]), em que Joaquim era insultado. O trecho que cito a seguir é o momento decisivo em que José Claudino acabava por reconhecer sua derrota e, novamente, o "Império" de Sem Fim – seu "*gênio engenhoso*" e seu "*verso poderoso*":

> *JF – Não se adiante, abelhudo*
> *eu sou preto mas sou bravo*
> *não fui captivo e sim tenho*
> *voce hoje como escravo*
> *ninguem hoje aqui te acode*
> *voce berra como bode*
> *e depois tua cova eu cavo*
> *JC – Joaquim Francisco eu conheço*
> *que voce é talentoso*
> *confesso que estou vencido*
> *porque teu genio engenhoso*
> *não se esgota, não fraqueja*
> *você é rei na peleja*

---

32 A primeira estrofe da peleja é a seguinte: "JF – Diga-me José Claudino/ quem lhe mandou a esta terra/ onde eu sou imperador/ onde o talento se encerra/ no grande Joaquim Francisco/ que é peior do que corisco/ quando desaba na serra." *Ibidem*, p. 1.

33 *Ibidem*, p. 4.

34 *Ibidem*, p. 6.

e no verso é poderoso
[...]
Francisco, eu tinha noticia
que eras o rei dos cantores
mas, por não acreditar
quis conhecer os teus valores
e agora posso dizer
que não te pude vencer
e por isso doute as flores. [35]

Mesmo que não estejamos certos quanto à autoria e ignoremos as condições de produção desse e de outros folhetos, as passagens que citamos estabelecem uma forte ligação entre o universo do marco e o da escravidão. Através delas se pode constatar que a tópica do marco fez parte, nesses casos, de uma reencenação simbólica das desigualdades raciais e sociais, a qual (re)colocava em jogo, em termos rituais, a polaridade domínio/submissão. Elas sugerem, também, que Joaquim Sem Fim constantemente deparou, não apenas nas pelejas mas nos próprios desafios que enfrentou ao longo de sua breve vida, com a contestação de seu "domínio" – embora não de suas habilidades poéticas, sempre reiteradas na performance e, portanto, de certa forma, *ilimitadas* –, contestação particularmente ancorada na busca do rebaixamento alicerçada no insulto racista e na evocação da memória da escravidão ou dos elementos culturais afro ("Lingua Dangola" etc.).

Os marcos de Sem Fim

No caso de Joaquim Sem Fim, a tópica do marco parece ter fornecido armas para uma afirmação superlativa ou hiperbólica do "eu poético" em um contexto particularmente hostil, em que o racismo se entranhava no conjunto das instituições e no próprio espaço da cantoria. Essa afirmação se consubstanciou no próprio *nome* do cantador, já que o marco como tópica e gênero retinha o significado da palavra marco

35 *Ibidem.*

como limite, transfigurando-se embora, como observamos em nossa introdução, em uma espécie de limite a partir do qual podiam *perder-se todos os limites.* A tópica do marco ofereceu a Sem Fim, além disso, toda uma proteção simbólica, que atendia à necessidade de proteção e defesa do corpo, da pele, da voz – que encontramos em outros cantadores, e que faz todo sentido se consideramos, ainda, a aspereza terrível dos termos em que se realizavam os combates:

J – Isto é conversa fiada
Veja que eu sou topetudo!
Sacudo pau pela cara,
com galhos, raiz e tudo,
Mato, esfolo, faço manta
e dependuro a garganta
na ponta do meu escudo.[36]

Apesar disso, é interessante que também se possa constatar, nos registros dos folcloristas, o cantador ou personagem Joaquim Francisco por vezes rebatendo insultos racistas com versos mais brandos, como no caso do "Martelo de Joaquim Francisco com Antônio da Cruz", transcrito por Barroso, e que já citamos.[37] A propósito, não nos parece ser por acaso que, em Barroso, a transcrição desse "Martelo" seja seguida por uma "Silva de cantigas soltas de desafio," na qual, logo na terceira estrofe, verifica-se a presença do marco:

---

36 Essa estrofe da peleja de Joaquim Francisco com José Claudino foi citada por CASCUDO, L. da C., *op. cit.*, p. 223. Na versão da peleja constante do Fundo Villa Lobos (Mário de Andrade), a estrofe tem uma pequena mudança no verso inicial: "JF – Isto é conversa comprida/ [....]". "Peleja de Joaquim Francisco e José Claudino", *op. cit.*, p. 2.

37 " — Não falle de minha côr/ Que você tem a sua amarelaça./ É branco, porém tem a desgraça/ De ser sem respeito e adulador./ E' chaleira, seja de quem for,/ Atraz de ganhar algum bocado,/ Um tostão p'ra viver encaxaçado,/ Envergonhando a todo o povo seu/ Que antes ser negro como eu,/ Que um branco, assim, tão relaxado!". "Martelo de Joaquim Francisco com Antônio da Cruz". In: BARROSO, G., *op. cit.*, p. 572.

Eu infinquei o meu marco
Da Gangorra p'ra Poção,
Para os cabras saberem
Qual a minha divisão...[38]

Seja como for, é difícil imaginar aquela aspereza eliminada ou ausente da cantoria em um contexto imediatamente anterior, dos anos 1870 a 1880, de vigência de uma escravidão cada vez mais contestada. Assim, é muito possível que a super-afirmação do eu e a migração dessa super-afirmação a patamar mítico, apropriado pela memória popular afro – para além de Inácio da Catingueira e Manuel Caetano: Malunguinho, rei das Matas de Pernambuco[39] –, seja parte de uma mesma estratégia que levou ao progressivo e cada vez mais frequente recurso à tópica do marco, integrando o conjunto de fatores que talvez expliquem a sua transformação em subgênero específico da peleja. No que se refere à memória popular afro, convém lembrar que o marco, em sua dimensão utópica, podia se apresentar ou ser apropriado como uma espécie de *quilombo imaginário*, dialogando com o complexo de elementos simbólicos que os próprios quilombos adquiriam, ao ser misturada a dimensão real do momentâneo exercício da autoridade[40] a outras dimensões, mágico-religiosas – como no caso do processo de monumentalização e divinização do Malunguinho no culto da Jurema Sagrada:

> O Malunginho da Jurema, que tem o poder de tirar os estrepes do caminho, é, portanto, a recriação simbólica do próprio Malunguinho do Catucá: o verdadeiro rei das matas de Pernambuco.[41]

---

38 *Ibidem*, p. 575.

39 CARVALHO, M. J. "O quilombo...", *op. cit.*, p. 427.

40 "Uma segunda inferência é a confirmação de que, em alguns momentos, os brancos não eram fortes o suficiente para destruírem o quilombo; daí então surgia um *modus vivendi* que uma ocasião permitiu a Pataca exercer o ofício, de fato, se não de direito, de juiz de paz. Atitude que tem um enorme valor simbólico, pois representava o exercício da autoridade branca por parte de um quilombola." *Ibidem*.

41 *Ibidem*, p. 428.

O próprio surgimento de Joaquim Francisco como "rei dos cantadores" parece guardar relação, portanto, com o espalhamento, pela sociedade, da dimensão simbólica do exercício do poder pelos quilombos.

Nesse contexto, a necessidade de autoafirmação superlativa ou hiperbólica – leia-se: *manter a cabeça erguida diante da exclusão e do racismo* – nos ajuda a entender por que Joaquim Francisco Santana – ou talvez o autor ou conjunto de autores que decidiram tomar-lhe emprestada a identidade – parece ter elaborado, como veremos, com tanto cuidado seu(s) marco(s). Ajuda-nos a compreender também por que a tópica e o gênero do marco permearam outros registros que envolveram monumentalizações e invenções da memória, como se vê na proliferação de versões das pelejas entre cantadores e cantadoras negros e "brancos", escravizados(as) e livres. Trata-se, a nosso ver, de um processo de luta simbólica que se relacionava a diversos posicionamentos e reações diante de uma vitória retumbante, embora tardia e terrivelmente sofrida, da população oprimida: *os quilombos haviam sido possíveis, a escravidão havia sido abolida, as instituições haviam mudado* (conquanto não totalmente ou, poder-se-ia argumentar, muito pouco na prática). A nosso ver, a história da recepção/invenção dos marcos de Joaquim Francisco, e de todo o momento inicial do gênero da peleja e do próprio marco, pode ser vista sob esse pano de fundo.

Vimos que vários indícios convergem no sentido de evidenciar que Joaquim Francisco Santana conferia especial valor e preferência à tópica do marco. Isso se confirma em outra peleja, intitulada "Martello de José Duda com Joaquim Francisco em Itabayana", em que o cantador pernambucano José Duda – que, ao final, acabava saindo vitorioso[42] – visitava Joaquim Francisco. Este lhe dizia, no calor da disputa, que tinha "cousas guardadas" havia "dez anos", e que precisava agora mostrar:

JF – E' um forte que tenho preparado
Aonde tranco cantador Pernambucano

42 No fim da peleja, Sem Fim reconhece a vitória de Duda, mas significativamente mandando-o cantar com o diabo...: "JF – Josè acabamos com a porfia/ Você canta por pauta, está bem visto/ Eu sou fraco e hoje constipei/ Você canta para burro eu não vou nisto/ Seus pulmões são de aço e desta forma/ Vá cantar com o diado eu não resisto" [sic]. ATHAYDE, J. M. (?), *op. cit.*, p. 10.

E depois de trancar dou-lhe a sentença
E só pode sahir depois de um anno
Vae servir de criado aos meus vassallos
Sae dalli mais faminto que um cigano
[...]
Você diz que duvida eu mostrarei-lhe
Mas só mostro levando você dentro
Botarei-o n'uma sella bem segura
Vou deixal-o algemado bem no centro
O diabo uma vez foi lá e disse
Inda mesmo em pedaços eu lá não entro
[...]
Esse forte que eu tenho é collocado
Entre um monte muito alto e uma serra
Não precisa está muito preparado
Para nelle vencer-se qualquer guerra
E um subterraneo que elle tem
Com 10 leguas de fundura pela terra
[...]
Esse forte além de ser assim
É cercado por um rio caudaloso
A montanha é numa ilha desse rio
O vigia de lá é perigoso
E um cão descomunal de terra nova
Quem ouvir elle latir fica nervozo.[43]

Nessa peleja, uma parte majoritária das estratégias de Joaquim Francisco estava centrada, justamente, na tópica do marco, que inicialmente permeava os insultos poéticos em torno da competição entre Pernambuco (terra de Duda) e Paraíba (representada ficticiamente por Sem Fim). Em seguida, a tópica emergia sob a forma do "forte" dos versos acima citados, o qual José Duda se concentrava em desmontar.

43 *Ibidem*, p. 6-8.

Note-se que o forte era pintado como uma prisão inexpugnável, em que os opositores/cantadores eram escravizados (transformados em "criados"), e tão terrível que *o diabo ali não teria querido entrar.* Além disso, encontrava-se cercado por um *rio caudaloso* – imagem próxima à da *fortaleza na lagoa*, desenvolvida nos marcos atribuídos a Sem Fim[44] (e talvez ao próprio presídio de Fernando de Noronha, citado, como já vimos, por Severino Perigo em um de seus versos cantados a Leonardo Mota[45]).

Esses indícios nos sugerem que os termos da valorização e preferência do cantador(?)/poeta(?)/personagem(?) Joaquim Francisco pela tópica do marco eram bastante conhecidos nos meios da cantoria e do cordel. De alguma forma, essa preferência se desdobrou na intrigante existência de *dois marcos atribuídos* ao cantador. Algo de todo excepcional, diga-se, visto que contradiz a própria natureza do gênero – o que se confirma pelo fato de cantadores e poetas terem criado via de regra, e até onde sabemos, *um único marco* ao longo de suas vidas.[46]

Como já observamos, Almeida e Sobrinho acrescentaram outra peça, intitulada "A fortaleza que levantei dentro de uma lagoa", à versão do marco de Joaquim Francisco que havia sido publicada por Chagas Batista em 1929, intitulada "A defeza da lagoa". Para esses autores, o marco atribuído por Batista a Joaquim Francisco estaria "muito elaborado", parecendo "ter sido tirado de forma mais popular, talvez a divulgada em folheto!"[47] No sumário da obra, atribuem, a "A fortaleza

---

44 Curiosamente, José Duda, no começo do folheto, também utiliza a tópica do marco ao descrever sua localidade e morada, referindo-se a esta como a um *zumbi* (palavra de origem africana que tem o significado, também, de local tranquilo): "Na entrada do zumbi a onde eu moro/ Lá não entra nem grossa artilharia/ Vê-se logo uma placa no portão/ que tem meu nome ali como vigia/ Só em ver o terraço no chalet/ cantador volta de longe, nem espia. [...]". *Ibidem*, p. 2.

45 MOTA, L. *Violeiros...*, *op. cit.*, p. 86-87.

46 Dos marcos coletados por Almeida e Sobrinho, apenas o "Marco do Séridó", de Manoel Tomaz de Assis, além do de Sem Fim, possui duas versões, com datas muito definidas (um "fragmento", de 1927, e uma versão mais completa, datada de 1954). ALMEIDA, A.; SOBRINHO, J. A. (orgs.). *Marcos...*, *op. cit.*, p. 196-217. Trata-se, porém, de duas versões para o mesmo marco, e não de dois marcos.

47 *Ibidem*, p. 34.

que levantei dentro de uma lagoa", um local – Mari, na Paraíba – e uma baliza temporal provável – "anterior a 1917" –, esclarecendo estarem se apoiando em versão divulgada em folheto por José Bernardo da Silva,[48] "sem declaração de autoria". No entanto, dizem explicitamente que a versão atribuída a Joaquim Francisco por Chagas Batista, em *Cantadores e poetas populares*, teria sido "evidentemente retocada e melhorada".[49] Assim, eles parecem ter suspeitado que a versão contida no livro de Chagas Batista poderia jamais ter sido publicada em folheto, tendo se forjado, ademais, a partir de "A fortaleza que levantei dentro de uma lagoa". O motivo principal para tal nos parece ser o fato de esta última, para além da falta de pontuação, *apresentar maior quantidade de versos fora da métrica*, com 9 ou 11 sílabas, enquanto "A defeza da lagoa" resultou, ao que tudo indica, de um processo mais feliz de adaptação da oralidade/canto para o registro escrito, ou então foi elaborada ou revisada por alguém com maior domínio das regras da "poesia de bancada" (cotejem-se as duas versões no anexo a este capítulo).

A maior fluência de "A defeza da lagoa", comparada a "A fortaleza que levantei dentro de uma lagoa", parece-nos fora de dúvida. Porém, deve-se lembrar que ambas as versões são bastante elaboradas do ponto de vista da linguagem, havendo equilíbrio entre riqueza lexical e clareza quanto às ideias transmitidas. Além disso, argumentaremos aqui que a versão divulgada por José Bernardo da Silva é em vários sentidos *mais elaborada* do que aquela publicada por Chagas Batista (como indício de sua maior elaboração, note-se preliminarmente que a versão do marco de Joaquim Sem Fim (re)publicada por José Bernardo da Silva

48 SANTANA, J. F. [José Bernardo da Silva?]. "A fortaleza...", *op. cit.*, 1953, p. 9-16. Acervo da Biblioteca Amadeu Amaral (Centro Nacional de Folclore e Cultura Popular). Disponível em: http://docvirt.com/docreader.net/docreader.aspx?bib=-Cordel&pasta=C0148&pesq=. Acesso em: 15/03/2015.

49 "Sumário / [...] II Joaquim Francisco de Santana/ 34/ A Fortaleza que Levantei Dentro de uma Labora (Mari-PB, anterior a 1917, versão divulgada em folheto por José Bernardo da Silva, sem declaração de autoria)/ A Defeza da Lagoa (versão evidentemente retocada e melhorada, atribuida ao poeta por Chagas Batista em *Cantadores e Poetas Populares*, 1928)/ [...]" ALMEIDA, A.; SOBRINHO, J. A. (orgs.), *op. cit.*, p. 9.

em 1953 e por Almeida e Sobrinho em 1981 possuía 5 estrofes a mais (34 contra 29), iniciando-se de forma semelhante e retomando alguns temas e imagens de "A defeza da lagoa"). Ambas as versões não são, portanto, a nosso ver, complementares. Ademais, nossa leitura nos leva a concluir que, ao contrário do que afirmam Almeida e Sobrinho,[50] faz todo sentido pensar que a elaboração de "A defeza da lagoa", publicada (mesmo que de forma talvez inexata) ou forjada por Chagas Batista ou outros, possa ter antecedido cronologicamente "A fortaleza que levantei dentro de uma lagoa". Porém, e independentemente de ter sido esse ou não o caso, parece-nos também essencial seguir a pista de Almeida e Sobrinho e refletir sobre a *intervenção ativa* de Batista, seja na confecção, seja na edição ou retoque de "A defeza da lagoa".

É importante notar a rede de diálogos em que se inserem as duas versões ou os dois marcos de Joaquim Francisco. Sua imagem principal – a de alguma espécie de construção sobre uma lagoa – pode ser colocada em relação com uma multiplicidade de referências. Estaria ela em diálogo com a lagoa mágica presente em "O marco do meio mundo", de João Martins Athayde?[51] Ou diria ela respeito, em algum plano, ao cantador Germano da Lagoa? Como já vimos, Cascudo menciona a "lagoa" de Germano como uma das "construções antigas" que, junto ao "forte" de Ugolino, teriam ficado famosas.[52] Por outro lado, Germano foi aparentemente um cantador relativamente "fraco", embora tenha sido parte integrante e protegida de uma linhagem de poderosos cantadores e poetas de Teixeira (vide o modo como aparece na própria coletânea de Francisco das Chagas Batista etc).[53] Seja como for, para entender a imagem de um marco construído numa lagoa é interessante lembrar que uma das grandes fontes de poder no sertão era o controle não apenas da terra, como notamos em nossa

50 *Ibidem*, p. 9; 34.

51 "Tudo isto são mysterios/ que tem na dicta lagôa/ não é cousa duvidosa/ foi visto por gente bôa/ no rebordo de um vapor/ só via o remador/ mas não se via a canôa [...]". ATHAYDE, J. M. "O marco do meio mundo", *op. cit.*, p. 8.

52 CASCUDO, L. da C., *op. cit.*, p. 198.

53 BATISTA, F. das C., *op. cit.*, p. 46; 75. Ver também ALMEIDA, A; SOBRINHO, J. A. *Dicionário...*, *op. cit.*, p. 151.

introdução, mas sim *dos olhos e vertentes d'água.*

Tanto "A defeza da lagoa" (que passaremos a chamar de "1ª versão" do marco de Sem Fim) como "A fortaleza que levantei dentro de uma lagoa" (que doravante denominaremos "2ª versão") apresentam uma mesma peculiaridade quanto à métrica e ao esquema rímico escolhidos. Sem Fim – ou aquele/s que se fez/fizeram passar por Sem Fim – optou por compor seus marcos em estrofes de seis versos, com o esquema mais comum empregado nos folhetos (XAXAXA). Entretanto, ao invés de utilizar redondilhas maiores, como o fariam outros poetas, como o próprio Leandro Gomes de Barros, rompeu o esquema utilizando decassílabos, estes mais utilizados na cantoria.[54] Ficava clara, desse modo, a identidade do poeta como *cantador.*

Ademais, nota-se que ambas as versões estão centradas na descrição das *defesas da lagoa*, em certa consonância com o marco "O castelo da cidade Flor Mimosa", de ManoelVieira do Paraíso,[55] mas ao contrário dos dois mais célebres marcos publicados no começo do século XX: "O marco do meio mundo", de 1916/1917(?), de João Martins Athayde e, principalmente, "O marco brasileiro" (1917?), de Leandro Gomes de Barros. No caso do marco de madeira de Athayde, há de fato um equilíbrio entre a descrição de suas maravilhas, de um lado, e de seus perigos e defesas, de outro.[56] Já o marco de Leandro Gomes de Barros – construído a partir de uma pedra gigantesca fincada no mar, e tido por muitos, até hoje, como um marco "insuperável"[57] – apresentava a peculiaridade de centrar-se quase tão somente na

54 Ver BATISTA, S. N., *op. cit.*

55 PARAÍSO, M. V. do, "O castelo da cidade Flor Mimosa". In: ALMEIDA, A; SOBRINHO, J. A. (orgs.). *Marcos...*, *op. cit.*, p. 19-33.

56 ATHAYDE, J. M., "O marco do meio mundo", *op. cit.*

57 Ressalte-se que "O marco brasileiro" continuou sendo lido e interpretado ao longo do século XX. Assim, chegou a ser gravado, em 1975, pelo cantador e poeta Azulão, no LP "Literatura de cordel", em versão cuja introdução instrumental foi retomada pelo compositor e cantor Lenine e por Bráulio Tavares, na canção "Marco marciano", do disco "O dia em que faremos contato" (1997).

caracterização de suas maravilhas.[58] Em contraposição, pode-se asseverar que o tema principal dos marcos de Joaquim Sem Fim é o arsenal de recursos naturais, monstros, magias, armas, exércitos e armadilhas destinados a afastar ou eliminar *qualquer* cantador inimigo. Entretanto, é nítida uma diferença entre ambas as versões: na segunda, (re)publicada por Silva e Almeida e Sobrinho, as "maravilhas do Marco" estão bem mais descritas do que na primeira. Isto se revela logo quando comparamos a estrofe inicial de ambas:

Quero agora contar publicamente
Aos que apreciam minha lôa,
Descrevendo um trabalho que eu fiz
De um muro em redor de u'a lagôa
Que com elle cerquei famosos sitios,
E a terra amurada é toda bôa. (1ª. versão)

Vou agora pedir publicamente
licença a qualquer uma pessoa
para tratar num trabalho que eu fiz
dentro dum muro em redor d'uma lagoa
com um açude e um sítio de coqueiros
foi aonde eu achei morada boa (2ª. Versão)

Na primeira, o trabalho é o *próprio muro*, que cerca "famosos sítios" e a "terra boa" (estes significando a criação poética do cantador e seu raio de atuação/ repercussão); na segunda, o trabalho está "dentro do muro", sendo que uma maior descrição das características da área demarcada e suas maravilhas fica anunciada (*açude, sítio de coqueiros, morada boa*).

Essa diferença não é pequena, já que o primeiro marco será, de fato, todo ele centrado na descrição dessa defesa em senso mais estrito, em que preponderam as seguintes imagens (Fig. 2): uma ponte de

58 "A praça de guerra eu fiz,/ porem só foi por constar,/ porque divido a altura,/ Lá ninguem pode chegar,/ da maior peça que houver,/ bala não pode alcançar." BARROS, L. G. "O marco brasileiro e as aventuras....", *op. cit.*, p. 5.

arame que atravessa a lagoa, por cima do muro, e em que há pesada artilharia; nove sangradores assustadores, que soltam água; uma máquina com canos de disparo, localizada no centro da lagoa; ainda nesta, uma "bomba de fumaça" sobre um pedestal de bronze e latão, além de minas de diamante, platina, ouro e carvão, que despejam matéria combustível; bem como as próprias intempéries e cobertura vegetal e animal do muro, todas voltadas à defesa (variações na temperatura e na iluminação; presença de vulcão, matas medonhas, lobos, serpentes etc). Ainda de arame – material presente apenas na primeira versão –, é descrito um laço que capturava cantadores e mesmo qualquer aeroplano que tentasse penetrar o domínio. Aparecem também, com destaque, as magias e mal-assombrados destinados a eliminar os cantadores, para os quais colabora uma "trincheira de caboclos" cujo chefe é dotado de poderes mágicos e diabólicos (no que percebemos certa semelhança com o marco/refúgio de Lampião no célebre folheto "A história completa de Lampião", de autoria de Chagas Batista, o qual comentaremos no próximo capítulo).

Encerrando-se o marco, eram sintetizados os trabalhos, destinando-se o último verso, significativamente, a uma ameaça envolvendo Satanás:

Preparei o terreno e a lagôa
Fiz a bomba, o muro e o vallado,
Deixei dentro o vulcão e a grande ponte
E o laço nos ares sempre armado,
Os caboclos que guardam a cordilheira,
Cada um para a luta é adestrado.

Afinal os castigos da lagôa
Para todos cantores são demais
E se algum duvidar do que eu digo
E metter-se a entrar não volta em paz;
Se o cantor ha de ir nessa lagôa
E' melhor entregar-se a Satanaz.[59]

59 SANTANA, J. F. "A defeza da lagoa". In: BATISTA, F. das C., *op. cit.*, p. 149.

No segundo marco, percebe-se, como já dito, a tendência mais descritiva em relação ao *domínio* por ele abrangido. Assim, há, logo na segunda estrofe, uma pequena descrição de localidades específicas – Mulungú, Mamanguape, Gurabira etc. – que delimitam uma área geográfica abrangendo Paraíba, Rio Grande e Pernambuco. Na sequência (terceira estrofe), o cantador adverte que todo aquele que fosse de seu agrado seria extremamente bem acolhido, recebendo os mais diversos "presentes" (*ventura*; toque de músicas saudosas; sensação de apaziguamento; bailes formosos etc).

Logo após, porém, inicia-se a descrição propriamente da defesa.

Ora, as imagens específicas que são para tanto mobilizadas diferem bastante das utilizadas em "A defeza da lagoa" (Fig. 3). Assim, na nova lagoa havia "cem mil serras" – serras vigiadas por feras assombrosas e em cuja entrada o cantador colocara "seiscentos vulcões", "mil monstros de ferro azougado" etc. –, cada qual com quinhentos boqueirões, com água despencando dos oiteiros (dos quais se ouvem ao longe rebanadas de baleias, tubarões, botos etc). Nesta versão, a fortaleza é também referida como *castelo*. Além disso, o "laço" de arame da primeira versão é substituído por uma "montanha de ímã", que impedia os grandes aviões ou zepelins de passar (mais adiante, Sem Fim descreve a presença, também, de "cem milhões de abutres" tiranos, que se sustentavam, "desde novinhos", em aviões, zepelins e "hydroplanos").[60] Em vez da ponte de arame e da máquina atiradora da primeira versão, temos nuvens carregadas, trovões etc. e, em particular, uma *torre de pedra* suspensa, "bem formada no centro da lagoa" – defendida, por sua vez, por: 1) um muro; 2) quinhentas cadeias de montanhas; e 3) gigantesca vazão de água.

É aqui que se nota o quanto esta versão procura ir além da primeira (ou, pelo contrário, o quanto "A defeza..." quis diminuir "A fortaleza..."), dialogando também, possivelmente, com os marcos de outros cantadores ou poetas: como se não bastassem todas essas armas, eram incluídos ainda, no rol das defesas naturais, um rio de cento e vinte léguas, o qual nasce de cima de um outeiro com "duzentas mil cadeias de

60 SANTANA, J. F. "A fortaleza que levantei...", *op. cit.*, p. 14.

montanhas", além de: "dez vulcões" lançando fogo "ao mundo inteiro"; dez açudes; dez rios; dez riachos; dez regatos; dez lagos e "um olheiro". Nesse contexto, o muro da fortaleza é descrito da seguinte forma:

> *Tem um muro de ferro encorrentado*
> *de todo este é o precipicio*
> *gradeado de ferro e bronzeado*
> *do melhor que achei para o serviço*
> *este muro solta fôgo a todo lado*
> *está a roda fervendo um alagadiço.*[61]

Mas há muito mais. Bem mais do que seria preciso, neste momento, mencionar. Pelo que já expusemos, fica claro que "A fortaleza que levantei dentro de uma lagoa" pode ter procurado superar "A defeza da lagoa" por meio de hipérboles (vide também toda a parte final que descreve os "maquinismos" e "artilharias" do marco)[62] – ou, pelo menos, ter adotado uma *estratégia diferente* para tornar-se invencível.

Para que compreendamos essa tentativa de superação é fundamental olharmos para um *outro elemento* que diferencia sobremaneira as duas versões, o qual diz respeito ao *modo como em ambas foi construída a dimensão mágico-religiosa*. Vimos que a primeira versão era finalizada com uma ameaça relativa a Satanás. Trata-se, a primeira versão, com efeito, toda ela, de uma defesa "mal-assombrada". A tal ponto que, nela, o cantador que entrasse "por meio de reza" ficaria assombrado, fugindo "estuporado";[63] ou então não conseguiria penetrar "inda mesmo por meio de oração", já que o chefe da tribo dos caboclos "com tal arte diabolica faz visão", que o impediria e o atiraria "nas chammas do vulcão".[64] Em outros momentos, a figura do diabo é evocada: assim, quando se aventava a possibilidade de um cantador conseguir escalar o muro e se soltar do laço suspenso

61 *Ibidem*, p. 11.

62 *Ibidem*, p. 15.

63 SANTANA, J. F. "A defeza...", *op. cit.*, p. 146.

64 *Ibidem*, p. 148-149.

de arame, observava-se que mesmo nesse caso um vento o tangeria para longe, onde o diabo já o estaria esperando, levando seu "corpo e alma".[65] Utilizando um recurso que, como vimos, funcionava muito bem nos desafios, o cantador/poeta mencionava, em seguida, que o cantador que tentasse entrar na lagoa arrenegaria a hora em que nascera, passando a "gritar por Satanaz,/ Blasphemando e dizendo aqui'stou eu!/ Sou inimigo dos Santos e de Christo!/ Se apresenta o diabo e diz: é meu!"[66] (ver também a seguinte passagem: "[...] O cantor se assombra e morre louco./ Em vez de ir ao céo, procura o *cão*").[67]

Esse conjunto de excertos nos permite afirmar que a estratégia de levar ao extremo as hipérboles, construindo uma defesa invulnerável com aquilo de mais terrível que poderia acontecer ao inimigo (ir para o inferno) acabou fazendo com que ao final fosse construído um marco que em pelo menos alguns momentos parece *ele mesmo demoníaco*. Por conseguinte, se assumimos que tal marco foi de fato construído por Joaquim Sem Fim, pode-se dizer que ele caía, dessa forma, no extremo oposto do que desejava, *ficando suscetível aos insultos que associavam o negro à figura do demônio e, portanto, à "escravidão"*.

Esta "falha estrutural" – como se sabe inexistente, é preciso sublinhar, do ponto de vista das cosmologias afrobrasileiras, que veem de outra forma a questão do bem e do mal, possuindo universos de divindades não dicotômicas – pode ter sido percebida não só por Francisco das Chagas Batista (o que talvez ajude a explicar a inclusão *dessa versão mais fraca, de um ponto de vista "branco"*, do marco de Sem Fim em sua coletânea, conquanto nos seja impossível dizer se Batista sabia ou não da existência de duas versões, e não excluindo, por outro lado, sequer a hipótese de ter sido ele ou Antonio da Cruz o próprio autor da versão...) mas, provavelmente, por muitos outros antes dele – o que explicaria o porquê de Joaquim Sem Fim (ou seria José Bernardo da Silva?) ter procurado elaborar uma nova versão para o marco ou mesmo um novo marco.

E, com efeito, ao compararmos o elemento demoníaco na segunda

65 *Ibidem*, p. 146.

66 *Ibidem*, p. 146-147.

67 *Ibidem*, p. 149.

e na primeira versões, salta aos olhos um nítido contraste: ainda que seja composto de ameaças, horrores, monstros etc., o marco de "A fortaleza que levantei dentro de uma lagoa" *não tem a seu lado força demoníaca alguma.* Pelo contrário, seu autor/proprietário aconselha, ao possível invasor, que "faça o pelo sinal, reze a doutrina / tome a benção aos velhos e beije a mão"[68] (não obstante, o invasor não escaparia de ser reduzido a *mulher* ou *escravo).*[69] Percebe se, pois, a diferença: em "A defeza da lagoa", a reza ou a oração eram trazidas pelo próprio cantador, aparecendo, todavia, como dimensão mais externa.

Em outra passagem, o contraste fica ainda mais evidente, já que a "arte diabolica" utilizada pelo chefe do exército de defesa na primeira versão (exército composto, como vimos, de uma *tribo de caboclos* – elemento totalmente ausente da segunda versão) passa a ser atributo, na segunda versão, *do próprio cantador invasor*:

E se êle por arte diabolica
conseguir atravessar aquela lama
nas prêsas do monstro da lagôa
ele ha de perder a sua fama [...] [70]

Além disso, nessa segunda versão – que passa a ter mais *maravilhas*, como já registramos, mesmo sem abandonar a sua característica principal de *defesa* – é inserida uma "casa de caridade", em moldes católicos inconfundíveis:

Nesta lagôa existe uma casa
que se chama o tezouro da beleza
entra ano e sai ano dando esmola
esta nunca caiu em tal pobreza

---

68 SANTANA, J. F. "A fortaleza...", *op. cit.*, p. 12.

69 *Ibidem*, p. 13.

70 *Ibidem*, p. 14.

quanto mais ela dar mais aumenta
é a casa que tem maior riqueza [71]

Em consonância, e ainda em possível diálogo com outros marcos como, por exemplo, "O marco brasileiro", de Leandro Gomes de Barros[72] – e, nesse caso, a segunda versão teria de ser datada do ano de 1917, quando Barros parece ter publicado seu marco (ele o data, em sua última estrofe, do ano de 1916)[73] e Sem Fim faleceu[74] –, "Joaquim Francisco" reformulou completamente o desfecho de "sua" obra. Constatamos, acima, que na primeira versão o final reiterava a horrível ameaça de ida ao inferno. Na segunda, em contraposição, foi adotada a estratégia de terminar anulando todas as ameaças anteriores, afirmando uma enorme confiança em si mesmo e na obra construída:

No dia que ver algum audaz
apossar-se de minha fortaleza
eu lhe peço para ser o seu criado
e de gosto darei minha riqueza
depois de mim faça o que quiser
que com êle não tenho afoiteza

71 *Ibidem*, p. 12.

72 "Está o marco do velho,/ quem quizer pode chegar,/ se existir um poeta/ que deseje o derribar,/ traga ferramenta bôa,/ está elle ahi, pode entrar. [...]" BARROS, L. G. de. "O marco brasileiro e as aventuras...", *op. cit.*, p. 6.

73 "Foi esse o primeiro marco,/ que desde que escreve fez,/ em vinte e oito de Junho,/ de novecentos e dezeseis,/ foi lembrança de um amigo,/ a pedido de um freguez." *Ibidem*, p. 8.

74 É possível que, se Barros publicou seu marco apenas em 1917, o haja feito no começo do ano, já que informa tê-lo concluído em 28 de junho do ano anterior. Teria havido tempo, assim, para que "O marco brasileiro" fosse lido/ouvido/incorporado por Joaquim Sem Fim – mas não o suficiente para que um cantador eventualmente doente e/ou ciente de seu fim (e entramos aqui em um terreno puramente especulativo!) e extremamente temente a Deus conseguisse burilar "A fortaleza que levantei dentro de uma lagoa" – o que explicaria, ao menos, a quantidade, neste marco, de versos com 9 e 11 sílabas.

Isso eu digo sem ter bajulação
é somente por ter a confiança
nas defezas que tenho preparada
para toda e qualquer uma vingança
se alguem duvidar esperimente
para ver a vitória quem alcança.[75]

Assumindo o risco da hipótese mais óbvia em relação à autoria do marco, o novo final é, para quem conhece a trajetória de Joaquim Francisco, desconcertante. A autoconfiança do cantador negro, alicerçada na construção de obra monumental e na afirmação superlativa do eu poético, era evidenciada pelo registro hiperbólico característico do gênero do marco, mas, desta vez, por meio de uma (retórica) colocação em jogo da *própria liberdade* – cujo peso, ainda que restrito à especificidade do universo simbólico de reconhecimento dos *domínios e territórios poéticos* nos espaços da cantoria, deve ser aquilatado em meio ao contexto tanto da recente Abolição como de uma trajetória marcada pelo enfrentamento dos insultos centrados na cor, no racismo e na herança escravista. Liberdade que, evidentemente, não é demais reiterar, não estava, para o cantador, de forma alguma, em risco – como se vê, também, no destemido desafio lançado no último verso.

As disputas em torno da memória de Sem Fim

Não podemos deixar de notar o quão excludente e injusto nos parece o contexto de uma sociedade em que, para interagir e participar de um espaço ritual e lúdico, um indivíduo tenha tido de construir, por meio de hipérboles, uma *persona* mítica, mobilizando insultos em que rondavam as sombras do racismo, da escravidão e do próprio "demônio". Nesse sentido, as hesitações reveladas na existência de duas versões ou dois marcos atribuídos a Joaquim Sem Fim, bem como a própria possível obsessão com a construção de um marco entendido prioritariamente

75 SANTANA, J. F. "A fortaleza...", *op. cit.*, p. 16.

como *defesa* (obsessão em parte relativizada na segunda versão), nos sugerem o enfrentamento de tópicas poderosas (como a que associava os negros ao diabo e à escravidão), em *um contexto de acirradas disputas* – e cuja existência persiste mesmo que se imaginem outros possíveis autores para tais textos.

Seja como for, é impossível imaginar cabeça mais altiva que a de Joaquim Francisco Santana. Pois os indícios dispersos de uma multiplicidade de documentos, ainda que sem autoria comprovada, *apontam todos para essa mesma direção.* E, com efeito, no contexto da sociedade escravista e do imediato pós-Abolição, cantadores negros, homens e mulheres, se destacaram de forma excepcional. Afinal, cantavam pela própria liberdade ou pela sobrevivência e dignidade em uma sociedade que lhes oferecia poucas ou nenhuma alternativa, e chegaram, em meio à construção e às sucessivas reorganizações dos espaços de interação da cantoria, a desnudar preconceitos e hipocrisias – não sem reproduzir, no caso extremo de Joaquim Sem Fim, é forçoso reconhecer, a opressão de gênero.

Diante desse desempenho e da própria contestação ao *status quo* que sua simples performance excepcional podia lançar, levantaram-se forças que procuraram abafar-lhe a memória e monumentalizar as hierarquias vigentes. Nesse sentido, é fascinante acompanhar as várias apropriações da tópica do marco e as investidas nesse gênero por folcloristas, cantadores e cordelistas, as quais deixam claras as disputas em torno da memória nos espaços da cantoria e da própria literatura de cordel. Já a estratégica posição do marco no conjunto da trajetória de Joaquim Sem Fim, segundo as evidências disponíveis, nos oferece um vislumbre aprofundado do marco como instrumento fundamental para uma estratégia de afirmação (superlativa) do eu poético e de autovalorização de um negro no difícil contexto do pós-Abolição.

A instrumentalização do marco por agentes do *status quo* parece ter tido como propósito, nos casos por nós analisados, silenciar e excluir não propriamente os negros, mas antes a memória de suas vitórias – e à exceção daquelas obtidas *em desafios com outros negros*.[76] Se não fosse esse o caso, não se compreenderia, por exemplo, a inclusão, na coletânea de Francisco das Chagas Batista, tanto do capítulo relativo a Joaquim Sem Fim como do capítulo relativo a Romano Elias da Paz, apresentado como "o mais moço dos actuaes cantadores", bem como de sua fotografia. Na foto, vê-se claramente que se tratava de um afrodescendente – embora em sua nota biográfica Chagas Batista não tenha mencionado o fato.[77] No que se refere à (re?)publicação de "A defeza da lagoa", é importante salientar que se, por um lado, Batista confere, com ela, um grande destaque a um marco (supostamente) de autoria de um cantador negro, por outro, é igualmente significativo que, no mesmo livro, dê no mínimo igual relevo a uma obra do cantador Antonio da Cruz, a quem dedica um de seus capítulos ou verbetes – *não fazendo menção, porém, a seu célebre embate com Joaquim Francisco, em que este o havia derrotado*.[78] Tal embate, todavia, resulta ficar, com tal silêncio, ainda mais saliente, já que Batista parece, ao ignorá-lo, estabelecer uma espécie de *compensação* para a transcrição do marco de Joaquim Francisco. Isso porque o texto que cita de Antonio da Cruz pode talvez ser lido *como uma espécie de "anti-marco"*, narrando a história dos sonhos de grandeza (lembre-se da centralidade das hipérboles no gênero do marco) de um charlatão que explorava a credulidade do povo para angariar dinheiro a fim de construir uma máquina que reproduziria o "eixo do mundo" (imagem próxima do universo das cantorias e, particularmente, dos marcos). Neste poema, grande ênfase é dada à temeridade dos sonhos *sem limite, sem fim* – que teriam feito com que o próprio anjo Luzbel fosse "*terminar no inferno*".[79] Assim, desconfiamos poder tal poema ser lido como

---

76 Como vimos, Batista refere que Manoel Caetano havia ganho uma disputa com Rio Preto (BATISTA, F. das C., *op. cit.*, p. 95, nota) – cantador que em um fragmento coletado por Rodrigues de Carvalho aparece figurado como o diabo (CARVALHO, R. de. *Cancioneiro do Norte*, *op. cit.*, p. 161-162).

77 *Ibidem*, p. 222-223.

78 CRUZ, A. da. "Uma surra que Antonio da Cruz levou do negro Joaquim Francisco em 1908 na cidade de Itabayana", *op. cit.*

79 CRUZ, A. da. "Historia da machina que faz o mundo rodar". In: BATISTA, F. das C., *op. cit.*, p. 218 [209-221]. Vide o item 2 do "Anexo" a este capítulo.

uma espécie de sátira a todo o universo do marco – a qual, em meio à coletânea, nos parece especialmente dirigida a Joaquim Francisco Santana.

Nesse contexto, é interessante observar que justamente Chagas Batista, tão empenhado em subalternizar cantadores como Inácio da Catingueira e Manuel Caetano, como vimos no capítulo anterior, tenha sido o responsável pela transcrição e publicação da "primeira versão" do marco de Joaquim Sem Fim. Notamos, acima, que algumas características estruturais dessa versão, que a tornam mais fraca, nos ajudam a explicar tal publicação – que, naquela coletânea, é inserida em uma complexa rede destinada a reabilitar ou exaltar figuras como Ugolino do Teixeira, Francisco Romano, Manoel Cabeceira e Antônio da Cruz.

Por outro lado, é importante ponderar que Joaquim Francisco talvez fosse o exemplo do cantador que seguia todas as regras da cantoria, e que, dentro delas, mesmo sob grande adversidade, encontrou formas de sustentar e fazer prevalecer sua capacidade poética. Como notou Slater, a identificação de esquemas mais ou menos rígidos na literatura de cordel ou em outras modalidades da "cultura folclórica e popular" não significa que não haja nelas lugar para a criação individual ou para "interesses comunitários específicos".[80] Tendo construído um caminho em meio às brechas possibilitadas por uma sociedade opressora, Joaquim Sem Fim foi, além disso, como vimos, especialmente bem talhado para enfrentar as asperezas dos embates no espaço ritual dos duelos – tendo tido acesso, inclusive, aos recursos pertinentes ao universo letrado (grande vantagem, embora não exclusiva, para vários cantadores "brancos"). E isso era algo que Francisco das Chagas Batista talvez não pudesse ignorar, sob pena de falsear em demasia o universo da cantoria. Afinal, Batista precisava de legitimidade para validar suas tentativas de construção/invenção da memória.

Além disso, Batista – poeta que, lembremos, nunca escreveu um marco, embora tenha, significativamente, esboçado um "Marco de Lampeão", personagem que, em outros folhetos, relacionou *ao domínio da violência pura, da inversão de valores, dos grupos indígenas e, particularmente, africanos, além do próprio diabo* –, ao "transcrever" o marco de um cantador negro, fazia ressoar o emprego da tópica do marco nos duelos de Romano

80 SLATER, C. *A vida no barbante. A literatura de cordel no Brasil.* Tradução de Octavio Alves Velho. Rio de Janeiro: Civilização Brasileira, 1984, p. 254.

e Cabeceira (que supostamente também transcrevia), aumentando-lhes a verossimilhança (e deixando, a propósito, mais uma pista da relação intrínseca entre o universo dos marcos e o da sociedade escravista). Assim, tal transcrição (ou seria invenção?) podia também aparecer como compensação parcial à detração e apagamento (das vitórias) de outros cantadores negros (o que reforça a importância da visão desses textos e trajetórias *em relação*), cujos duelos e performances talvez fossem tão ou mais importantes do ponto de vista da memória coletiva e da construção dos espaços da cantoria e do cordel.

Anexo

Transcrevemos, a seguir, a íntegra dos dois marcos de Joaquim Francisco Santana: "A defeza da lagoa", segundo a coletânea de Chagas Batista; e "A fortaleza que levantei dentro de uma lagoa", conforme o folheto editado por José Bernardo da Silva. Em relação a "A defeza da lagoa", optamos por uma transcrição da versão de Batista pelo fato de Almeida e Sobrinho terem aparentemente tentado "melhorá-la", em alguns pontos (detalhes de pontuação; substituição de palavras para "corrigir" a métrica dos versos etc.). Ela nos parece, assim, mais fidedigna em relação ao possível modelo ou invenção de Batista.

Acrescentamos, na sequência, com algumas supressões, necessárias devido ao tamanho da peça, a "Historia da machina que faz o mundo rodar", de Antonio da Cruz, tal como transcrita por Chagas Batista.[81]

Marcos de Joaquim Sem Fim

A defeza da lagoa

Quero agora contar publicamente
Aos que apreciam minha lôa,

81 Um exemplar do folheto, datado de 1921, faz parte do acervo da Casa de Rui Barbosa. Disponível em: http://docvirt.com/docreader.net/docreader.aspx?bib=CordelFCRB&pasta=&pesq=antonio%20silvino. Acesso em: 08/02/2019.

Descrevendo um trabalho que eu fiz
De um muro em redor de u'a lagoa
Que com elle cerquei famosos sitios
E a terra amurada é toda bôa.

Fiz de arame uma ponte que atravessa
Bem por cima do muro da lagôa
Onde ha quinze mil peças disparando,
Do terraço do meio até a prôa;
Treme a terra e os montes estremecem
Com dez léguas não chega uma pessôa.

Alem desses perigos, a lagôa
Solta agua por nove sangradores,
Cada um tem em si uma bandeira
Avisando a todos cantadores;
Os teimosos que não acreditarem,
Morrerão de pavor sem sentir dôres.

Da lagôa no centro ha uma machina
Que tem de cada lado um grande cano,
Salvando de meia em meia hora
Dando estouros iguaes aos do Oceano;
E só gastam p'ra disparar um tiro
Um minuto, e atiram todo o anno.

Cada cano tem cento e vinte balas,
O cantador que entrar topa revolta,
Baixam nuvens de cima dando estouros;
Faz correr velozmente a maré solta;
Se o cantor se livrar da tempestade,
Cáe no bloco de gelo e não mais volta.

Todo o muro é coberto de espéques, [sic]
A matta é medonha e muito escura

Inchuy, capuchú, cobras, lacráos,
Mangangá, surrupeia, com fartura;
Com machado, alavanca, foice ou sucho,
Ninguem entra na grande embocadura.
Com escada no muro da lagôa,
O cantor que subir a queda é feia!
Cáe de bruços, no chão, o infeliz,
Com os dentes mordendo a grossa areia;
Quebra os dentes e a cara, estoura o bucho
E inteira não fica uma só veia.

A lagôa tem lôbo e tem serpente,
Tem gibôia, tem tigre e tem leão,
Capivara, queixada, onça vermelha
Cascavel, jararaca, escorpião,
Gavião, águia, abutre, carcará
Cobra d'agua, baleia e tubarão.

Tem a carapanan, o maroim,
Maribondo amarelo e o pintado,
Tem formiga da preta e a saúva,
Carrapato miudo e o do gado;
Tem piôlho, tem pulga e mucurana
O cantor que entrar lá sáe desgraçado…

Na entrada do muro da lagôa,
De caboclos botei uma trincheira;
Tendo mais um valado com cem braças
No sopé de uma grande cordilheira;
O cantor que for perto do vallado,
Soffre logo uma febre tremedeira.

Cem cachorros de fila ha na entrada
E um monstro chamado cão catende,
Tem um laço de arame pelos ares,

Se o cantor for voando o laço prende;
Pela terra não entra que não pode,
Cae nas garras do cão, não se defende.
O cantor que vier em aeroplano
Da lagôa não vê os bellos ares,
Porque o laço de arame o aprehende
E vae com elle rodando pelos ares;
A mucica que dá é tão medonha
Que o atira no meio dos altos mares.

Na lagôa tem mais um mal-assombro
Que percorre, de noite, em todo lado;
O cantor que entrar por meio de reza
Logo assim que chegar, fica assombrado...
E do ataque que soffre jamais torna
Se acaba batendo estuporado!

Cantador que teimar ir na lagôa
Ainda mesmo por um subterraneo
Se encontra com o vallado de cem braças
Que tem agua do Mar Mediterrâneo;
Não mais volta porque morre afogado
Num funil que a agua faz muito instantâneo.

E, no caso que escale o grande muro,
Se o laço o pegar, elle não sae;
E se acaso sair, o vento o tange
- Com cem léguas distante o cabra cae...
O diabo já está o esperando
Leva o corpo e alma, tudo vae!...

Cantador que tentar ir na lagôa.
Arrenega da hora em que nasceu...
Pega logo a gritar por Satanaz,

Blasphemando e dizendo aqui 'stou eu!
Sou inimigo dos Santos e de Christo!
Se apresenta o diabo e diz: é meu!

Cantor vendo a lagôa bem de longe,
Soffre dor de cabeça, febre e ingua;
Cria logo uma lepra pelo corpo
Sua musa, em vez de crescer, mingua;
Incha os beiços, os olhos impapuçam,
Com a sêde terrível, seca a lingua.

O cantor que tentar chegar mais perto,
Atacado é de sarna e de gafeira,
Cria logo um cobreiro pelas costas
Que a ponta termina na muleira;
E encontrando uma ponta com a outra
Dá-lhe logo a doença batedeira...

Da lagôa o terreno é mui saudavel
Mas, é para cantor considerado;
Pode entrar na lagôa com seu dono,
Nada soffre e é muito apreciado;
Mas se for cantador de capoeira
Na entrada se acaba o desgraçado.

La tem mais uma bomba de fumaça,
Defendendo o presente e o futuro;
Um cantor resolvendo entrar á força
Logo assim que excalar o grande muro
A fumação da bomba sae de rôlo
E elle morre afogado no escuro.

Essa bomba está sobre um pedestal
Construído de bronze e de latão;
No terreno tem minas de diamante

De platina de ouro e de carvão
Despejando materia combustível,
Em um canto do muro ha um vulcão.

No principio do ano o clima é frio,
E no fim é bem quente e temperado;
O cantor que entrar pela frieza
Entreva e se acaba encarquilhado...
E entrando na epocha do calor
No vulcão morre logo asfixiado.

Os canaes da lagôa estão tomados,
Cantador lá não pode penetrar;
Indo mesmo encantado lá não entra
Porque tem a visão para o pegar;
Por vereda nenhuma elle acha entrada,
Nem na terra, nem n'água nem no ar.

Ao redor do vallado da lagôa,
Luz nenhuma penetra, é muito escuro
Na entrada tem mais um sumidouro
Que alimenta o vulcão do pé do muro
Se o cantor vier perto é attrahido
E querendo correr fica seguro.

Um cantor não penetra na lagôa
Inda mesmo por meio de oração,
Porque o chefe da tribo dos caboclos
Com tal arte diabolica faz visão
Que o pega por meio d'uma tragedia
E o atira nas chammas do vulcão.

Na lagôa atravessa um arco-ires
Que do sul ao norte é permanente;
Desce a chuva das nuvens trovejando,

Faz a barra do lado do nascente
Do vulcão a cratera solta fumo
Que escurece do lado do poente.

E por cima do laço da lagôa
Atravessa a fumaça do vulcão,
Alevanta o calor da athmosphera,
Apparecem o corisco e o trovão;
O cantor se assombra e morre louco.
Em vez de ir ao céu, procura o cão.

Preparei o terreno e a lagôa,
Fiz a bomba, o muro e o vallado,
Deixei dentro o vulcão e a grande ponte
E o laço nos ares sempre armado,
Os caboclos que guardam a cordilheira,
Cada um para a luta é adestrado.

Afinal os castigos da lagôa
Para todos cantores são demais
E se algum duvidar do que eu digo
E metter-se a entrar não volta em paz;
Se o cantor ha de ir nessa lagoa
É melhor entregar-se a Satanaz.[82]

A fortaleza que levantei dentro de uma lagoa

Vou agora pedir publicamente
licença a qualquer uma pessoa
para tratar num trabalho que eu fiz

82 In: BATISTA, F. das C., *Op. cit.*, p. 143-149; reproduzido por ALMEIDA, A.; SOBRINHO, J. A. (orgs.). *Marcos...*, *Op. cit.*, p. 41-45.

dentro dum muro em redor d'uma lagoa
com um açude e um sitio de coqueiros
foi aonde eu achei morada boa

Mulungú, Mamanguape e Guarabira
ficando no cerco S. José
Paraíba Rio Grande e Pernambuco
Fiz estrema num porto de maré
de Pau d'Alho subi para Campinas
chore agora no cerco quem quizer

Todo aquele que for do meu agrado
a ordem que dér terá ventura
ouve toque de musicas tão saudosas
que inda vindo irado tem brandura
dançam bailes formosos cavalheiros
com parelhas de grande formosura

Tem nesta lagôa cem mil serras
cada serra quinhentos boqueirões
quando as aguas despende dos oiteiros
é igualmente os estrondos dos trovões
com cem léguas se ouve as rebanadas
das baleias, mero, botos e tubarões

As montanhas e matas desta serra
com os bosques são todos vigiados
por um numero de féra temerosas
ursos tigres leões e leopardos
com o urro das fèras e serpentes
os valentes terminam assombrados

Tem ali uma raça de serpente
que estando dormindo melhor ver

e advinha quem quer fazer-me mal
ainda mesmo estando por nascer
se um destes for lá mesmo por sonho
será muito feliz se não morrer.

Nas entradas das serras eu botei
seiscentos vulcões para defeza
mil monstros de ferro azougado
por vigia de toda fortaleza
por ali inimigos não penetra
inda tendo do ar a sutileza.

Inimigo não vai ao meu castelo
ainda mesmo voando mui por cima
em grandes aviões ou zepelino
porque tem uma montanha de iman
que atrai os aparelhos que passar
e os pilôtos se desgraça com o clima

Além destes perigos que lá tem
a lagôa tem novo sangrador
É coberta de nuvens carregadas
o trovão quando estronda faz horror
cresce as águas na terra abala o monte
faz cortar coração vê-se o clamor

Uma torre de pedra é suspensa,
bem formada no centro da lagôa
com quinhentas cadeias de montanhas
do terraço do muro abala a prôa
as águas quando corre abala o monte
com cem leguas não chega uma pessoa

Tem um rio de cento e vinte leguas
que nasce de cima d'um oiteiro

com duzentas mil cadeias de montanhas
dez vulcões lança fôgo ao mundo inteiro
dez açudes, dez rios, dez riachos
dez regatos, dez lagos e um olheiro

Tem um muro de ferro encorrentado
de todo este é o precipicio
gradeado de ferro e bronzeado
do melhor que achei para o serviço
este muro solta fôgo a todo lado
está a roda fervendo um alagadiço

Homem manso e mufino lá não chega
nem os próprios valentes perigosos,
o mesmo se dar com os inocentes
daqueles que são maravilhosos
se forem com pés deles lá não chegam
que não passam nos rios caudelosos.

Os perigos que tem nesta lagôa
valentão que topar com ela cheia
as tempestades de ventos que tem lá
dão-lhe baques que zoa légua e meia
escorrega na unha cava a terra
fica a lingua no chão lambendo areia

Pelas grandes montanhas desta terra
valentão quer subir pinota e upa
escorrega na terra o corpo treme
passa o lombo na terra rala a garupa
dá-lhe mal nas feridas abre um buraco
e não ha sarro nem mercurio que entupa

Nesta lagôa existe uma casa
que se chama o tezouro da beleza

entra ano e sai ano dando esmola
esta nunca caiu em tal pobreza
quanto mais ela dar mais aumenta
é a casa que têm maior riqueza

Nesta casa tem caixa de azougue
o contrário que fôr lá nunca mais sai
com a frieza do tempo entreva as pernas
dá-lhe o trema no queixo a lingua cai
fica o corpo no mundo sem governo
e a vida em balanço, vai não vai.

Quem for tomar banho nesta lagôa
faço o pêlo sinal, reze a doutrina
tome benção aos velhos e beije a mão
E aguente calado sem busina
êle cose, êle fia, êle remenda
e troca bilro igualmente uma menina

Quem for tomar banho nesta lagôa
tem que fazer os trabalhos que eu quizer
lava roupa, engoma, cose e fia
fazendo os trabalhos de mulher,
broca mato, planta, cisca e encoivara
e leva relho se a limpa não me der

Eu botei quatrocentos mil estrepes
n'um purão que cavei para o futuro
que só nele medi quinze mil braças
inda sendo de dia está escuro
valentão chegou lá perde o prumo
tropessou caiu dentro está seguro

Além destes estrepes tem ali
monstruosos jacarés esfamiados

muitas fócas e monstros assombrosos
com os dentes terríveis afiados
logo que os valentes caiam dentro
sem demora vão logo devorados

Mas antes de cair ali encontram
um atoleiro que ferve atual
cuja lama e calor que dela sai
causará a qualquer um grande mal
e só isto creio eu que é bastante
p'ra defender-me de qualquer um rival

Tanto que ali não tenho mêdo
que qualquer inimigo me ofenda
porque ele não pode suportar
o mau cheiro da lama tão horrenda
e por isto não pode conseguir
nem por sonho vencer-me em contenda

E se êle por arte diabolica
conseguir atravessar aquela lama
nas prêsas do monstro da lagôa
êle ha de perder a sua fama
porque todos estão de prontidão
p'ra fazerem de todos bôa cama

Além destes perigos tem nas serras
cem milhões de abutres tão tiranos
que desde novinhos se sustentam
em aviões zepelins e hydroplanos
e são êles quem faz os inimigos
desistirem de todos os seus planos

São fortes vigias do castelo
que vivem numa luta transitória,
e garante a paz na minha côrte
onde tenho sossêgo na memória
pois não ha valentão e nem feliz
que consiga de lá contar vitória

Quando é no princípio de Janeiro
os navios já estão de prontidão
grandes nuvens abaixa na lagôa,
Tomam água e estronda o trovão
pelo grande calor da atmosfera
e as chuvas banhando meu sertão

Cujas matas são muito montanhosas
rodeadas de grutas mui escuras
capuchú ferrão inchú lacrau
moribundo surrupeio é com fartura
fora gancho, machado, chuncho e foice
que armei no passar da embocadura

Inda tenho diversos maquinismo
cada maquina tem duzentos canos
quando forma carreira é dando tiros
e lá atira continuo vinte anos
atraz destas vem trinta que carregam
por hora e minutos sem enganos

Tenho estes maquinismos porém êles
não prestam serviço a nação
por causa das grandes fortalezas
que tenho de persi de prontidão
dão apenas serviços de festejos
quando faço alguma declaração.

Só possuo na minha fortaleza
armamentos bons de artilharia
porque acho bonito êstas cousas
mesmo posso precisar dela um dia
outra cousa, a pessôa prevenida
do tempo faz toda zombaria.

Já ouvi um poèta me dizer
que fazia um muro igual ao meu
se há este audaz é muito longe
eu creio que êle já morreu
que meu muro está predificado
quem o imita ainda não nasceu.

No dia que ver algum audaz
apossar-se de minha fortaleza
eu lhe peço para ser o seu criado
e de gosto darei minha riqueza
depois de mim faça o que quiser
que com êle não tenho afoiteza

Isso eu digo sem ter bajulação
è somente por ter a confiança
nas defezas que tenho preparada
para toda e qualquer uma vingança
se alguem duvidar esperimente
para ver a vitória quem alcança.[83]

83 In: SILVA, José Bernardo da. *Conselhos aos noivos, op. cit.*, p. 9-16.

A "Historia da machina que faz o mundo rodar"

Antonio Ferreira da Cruz

Antonio da Cruz, nasceu em 14 de Janeiro de 1876, em Riachão do Bacamarte - municipio do Ingá, no Estado da Paraíba.

Até os trinta annos de idade, foi operario contra-mestre de tecelagem de uma Fabrica de Tecidos. Depois, dedicou-se á profissão de cantador. É bom repentista e muito adestrado no martelo decasyllabo. Tem publicado diversos folhetos, das suas producções poeticas.

Dispondo de muita verve, em Guarabira, por ocasião de uma dessas loucuras das multidões sugestionadas por exploradores, elle, atacou o pseudo intentor do motu continuo com os seguintes versos:

Morava na Parahyba
Lá nos confins do agreste
Um homem de pouca idade,
Que tinha saber por peste;
A ponto até de querer
Vencer o plano celeste.

Descrevo d'elle um tratado
De um mysterio profundo,
Que se for apparecido
Tem de ficar sem segundo,
É a tal machina inventada
Pra fazer rodar o mundo

Esse homem diz que vae
Certa machina preparar
Por meio de electricidade
Para o mundo rodar,
De accordo com a atmosphera
Derramando a agua do mar.

Chama-se Manoel Galope,
Nome que adquiriu
Devido essa vantagem
Que o povo lhe attribuiu,
E por ser muito andador;
Pois ao vento competiu.

Dizem que ainda menino,
Por duas vezes tentou
Pelo espaço sair voando,
Ainda experimentou,
Por meio de azas suppostas;
Porem não continuou...

Vendo que era impossivel
Ao céo poder subir
Ficou com a pretenção
De tudo querer descobrir,
Começou a andar no mundo
E até a ladrões perseguir.

Não houve lugar esquisito
Que elle não percorresse,
Nem coisa mysteriosa
Que elle a não vencesse;
Nem sciencia nem idéa
Que elle a não conhecesse.

Aos 20 annos de idade
Teve um sonho demasiado,
Para perseguir ladrões,
Por um caminho desusado,
Conseguio a tal viagem
E nisto ficou firmado.

No sonho entrou no matto
E uma serra encontrou,
Ali viu a grande furna
Por onde o ladrão entrou,
Seguiu pelo rastro delle
25 annos andou.

Chegou no final da terra
Da qual o segredo viu,
Deu com um certo lugar
E ao tal se dirigiu,
E' aqui o eixo da terra,
Foi o que elle attribuiu.

Verificou bem o eixo
Aonde estava sentado,
Tirou de tudo o desenho
Com toda calma e cuidado,
Descrevendo o machinismo
Fez de tudo um apanhado.

Voltando para o agreste
Meteu-se na construção,
De uma machina igual
Aquella que viu então
Quando no centro da terra
Fizera sua excursão.

[...]
Mas, é que Deus não consente
A um mancebo vagabundo
Conhecer o eixo da terra
Que faz rodar todo mundo,
Ainda sendo um seu sevo
Não tem o saber profundo.

Luzbel foi aquelle anjo
Que de Deus tinha caderno,
E Deus confiou-lhe o throno
Como um pae reto e eterno,
Porem elle adiantou-se
Foi terminar no inferno.

Isto são segredos uteis
Que só vêm na escriptura
E muitos não acreditam
Porque têm a vista escura;
Quanto mais nessa tal machina
Que inda não s'tá segura,
[...]

Quando elle findou a machina,
Achou o trabalho bonito;
Disse: enrico desta vez
No lugar em que habito...
Na primeira experiência
Subio para o infinito...

Depois que elle subio
Ficou o povo olhando
Cantando Serena Estrella,
E o tempo foi se passando,
Ainda hoje não voltou,
Mas, o povo está esperando...

Voltará como o Virissimo
Da grande barca 'Minerva'
E quando elle chegar
Trará dinheiro em conserva.
Ahi prova seu trabalho
Que ficará de reserva.

Quem não lhe acreditava
Vae lhe render homenagem
Porque ahi elle prova
Que não tinha pabulagem,
Pois, tem dinheiro de trouxa
Com sobra e muita vantagem.

Antes do dia de juizo
A sua volta se verá
E entre festa desusada
O povo o receberá,
E um pobre para semente
Caçando não se achará...

Mas, leitor eu aconselho
Que uses de precaução
E lembro que o Virissimo
Tambem fez a embarcação
E depois voou no espaço,
E pela mesma rotação.

Quem tiver o seu dinheiro
Vendo que já lhe faz mal,
Dê de esmola aos pedintes
Da feira e do hospital,
Que lhe servirá de gloria
Na vida espiritual.[84]

84 In: BATISTA, F. das C., *op. cit.*, p. 209-221.

4. Representação gráfica do encontro do demônio com Lampião, na fortaleza (Marco) deste último, pela artista Ma
Januzzi Nabuco de Araújo (2018).

Violência e criação: considerações sobre o Marco e o cangaço[1]

Introdução

Dentro do vasto espectro de temas abrangidos pela literatura de folhetos de cordel na primeira metade do século XX, tem grande destaque o núcleo relativo ao banditismo – em especial, um tipo específico de banditismo, o chamado "cangaço", o qual, em grande parte das classificações, ocupa em geral um ciclo à parte.[2] Com efeito, este é um dos temas clássicos abordados tanto pelos poetas populares, como pelos estudiosos, a tal ponto que já se chegou a traçar um paralelo

1 Uma primeira versão deste capítulo foi publicada em 2014, no livro que resultou do seminário "Violência y fatalismo en la literatura aurea: la jacara" (Universidade de Burgos, Espanha), ocorrido em 2012. IUMATTI, P. T. "Violência e criação: considerações sobre o Marco e o cangaço na literatura de folhetos brasileira entre finais do século XIX e as primeiras décadas do século XX". In: LOBATO, M. L.; BÈGUE, A. *Literatura y música del hampa el los Siglos de Oro*. Madrid: Visor Libros, 2014, p. 219-251.

2 SANTOS, I. M. F. dos, *op. cit.*, 1997, p. 132-133; SLATER, C., *op. cit.*, p. 66-95; MENESES, E. D. B. de. Das classificações temáticas da literatura de cordel: uma querela inútil. *Jornal de poesia*, 1994. Disponível em: http://www.revista.agulha.nom.br/ediatahy01c.html. Acesso em: 12 de julho de 2010.

entre o desenvolvimento do cangaço e o do próprio cordel, de vez que o período de consolidação de ambos, entre finais do século XIX e as primeiras décadas do século XX, foi de fato coincidente.[3] Dominado por uma mescla entre relato histórico e ficcional, em que se destacam, em diferentes graus, a função informativa e a elaboração fantasiosa,[4] e centrado, inicialmente, na figura do "bandido de honra" Antonio Silvino (sucedido, depois de sua prisão, por Lampião), o "ciclo do cangaço" assumiu, a partir do fim do fenômeno propriamente histórico dessa forma de banditismo, em finais dos anos 1930, um lugar nobre na literatura de folhetos brasileira.

Nele, às mesclas características entre informação, história e ficção dos folhetos das primeiras décadas, foram acrescentados, substituíram-se ou sobrepuseram-se, além de procedimentos de radicalização da função histórica, como se vê em um folheto bastante rigoroso do ponto de vista do cotejo e do registro/invenção da memória, "Os Cabras de Lampião", de Manoel d'Almeida Filho, publicado nos anos 1960,[5] uma exacerbação do elemento fantástico ou mítico, e sobretudo a continuidade de um processo de construção simbólica. Neste, a figura do bandido Lampião passou a ser alvo de idealizações ou transposições que, se pouco tiveram a ver com a escrita de sua "biografia" ou com a cronologia propriamente histórica de seus atos e façanhas (como em um dos folhetos mais editados na história do cordel brasileiro, o fantasioso "A chegada de Lampião no Inferno", de José Pacheco),[6] muito nos parecem dizer sobre a sociedade brasileira da época e o significado mais amplo do cangaço de um ponto de vista sociológico e antropológico.

Paralelamente, o cangaço ascendeu, dos anos 1940 a 1970, a símbolo de uma identidade regional e, mesmo, a um dos principais emblemas "nacionais" trabalhados pela literatura e, especialmente, o cinema,

---

3 Ver TERRA, R., *op. cit.*, p. 81.

4 ANDRADE, M. (sob o pseudônimo de Leocadio Pereira). Romanceiro de Lampião. *Revista Nova,* São Paulo, 8, 1932.

5 D'ALMEIDA FILHO, M. "Os cabras de Lampião". São Paulo: Luzeiro, 1966. LP-CORDEL-RBLT-432, Arquivo IEB-USP.

6 PACHECO, J., *op. cit.*

tendo chegado a inspirar dezenas de filmes e ser assunto de algumas das principais realizações cinematográficas brasileiras do período: *O Cangaceiro* (1953), de Lima Barreto, que se tornou, ao levar o prêmio de melhor filme de aventura em Cannes, o símbolo máximo da companhia de cinema paulista Vera Cruz; e *Deus e o Diabo na Terra do Sol* (1964), de Glauber Rocha, obra prima do "Cinema Novo".[7]

A reflexão acadêmica sobre tal matéria produziu e vem produzindo importantes trabalhos, que procuram examinar tanto o significado mais amplo do ciclo do cangaço na literatura de cordel, na história e na própria memória popular,[8] como esse mesmo processo de apropriação simbólica.[9] Em meio à pluralidade de vieses explorados, importa-nos, aqui, destacar um eixo transversal relativo à dialética entre ordem e desordem, autoridade e transgressão,[10] que constitui um dos núcleos de reflexão clássicos para se

---

7 Ver QUEIROZ, M. I. P. *Os cangaceiros*. São Paulo: Duas Cidades, 1977; CAETANO, M. do R. (org.). *Cangaço: o nordestern no cinema brasileiro*. Brasília: Avatar, 2005. Sobre a relação entre o cinema de Glauber Rocha e a literatura de cordel, ver NEMER, S. R. B. *Glauber Rocha e a literatura de cordel – uma relação intertextual*. Rio de Janeiro: Edições Casa de Rui Barbosa, 2007, v. 1, 269 p.

8 Ver, dentre outros, QUEIROZ, M. I. P., *op. cit.*; Lewin, L., "The oligarchical limitations of social banditry in Brazil". *Past and Present*, 82, fev. 1979, p. 231-262; DAUS, R. *O ciclo épico dos cangaceiros na poesia popular do Nordeste*. Rio de Janeiro: Fundação Casa de Rui Barbosa, 1982; CHANDLER, B. J. *Lampião: o rei dos cangaceiros*. Trad. Sarita Linhares Barsted. Rio de Janeiro: Paz e Terra, 1981; Terra, R., *op. cit.*; MELLO, F. P. de. *Guerreiros do sol – violência e banditismo no Nordeste do Brasil*. Recife: Fundação Joaquim Nabuco/Massangana, 1985; VILLELA, J. M. *O povo em armas: violência e política no sertão de Pernambuco*. Rio de Janeiro: RELUME-DUMARA, 2004; Pericás, L. B. *Os cangaceiros: ensaio de interpretação histórica. São Paulo: Boitempo* Editorial, *2010*, 320 p. Cavignac, J., *op. cit*, p. 146-175; *CLEMENTE*, M. E. de A. *Lampiões acesos: a Associação Folclórica e Comunitária dos "Cangaceiros de Paulo Afonso" - BA e os processos de constituição da memória coletiva do cangaço (1956-1988)*. Dissertação (Mestrado em História) – IFCH/UNICAMP, Campinas, *2003*.

9 ALBUQUERQUE JR., D. M. *A invenção ...*, *op. cit.*; CAETANO, M. do R. (org.), *op. cit.*; GRUNSPAN-JASMIN, É. *Lampião, vies et morts d'un bandit brésilien*. Paris: PUF, 2001.

10 Ver, por exemplo, GERASSI-NAVARRO, N. "Joaquín Murieta: ícono de una modernidad disputada". *Cuadernos de Literatura*, [S.l.], n. 25, v. 13, 2008, p. 119-

pensar as instituições e a violência dentro da sociedade brasileira,[11] e que nos parece permear, também, os trabalhos que, ao abordarem a literatura de cordel, têm procurado o "ponto de vista popular" sobre o banditismo e outros assuntos, revelador de suas ambiguidades e mais ou menos longe das idealizações posteriores. Procurando nos aprofundar nessa vertente, adotaremos, neste capítulo, uma linha de reflexão que trilhará o caminho das relações – pontos de aproximação, interseções, paralelos e diferenças – entre os folhetos que tematizaram o cangaço nas primeiras décadas do século XX e o gênero do marco.

Com isso, acreditamos ser possível acrescentar algumas ideias ao pensamento mais amplo não apenas sobre o significado do cangaço na literatura de cordel, mas ainda sobre o próprio gênero do marco e as disputas sócio-raciais e pela memória que abrangeu. No que se refere a este último aspecto, constatamos que as presenças do marco nos folhetos sobre o cangaço estão vinculadas às lutas pela memória que contribuíram para o processo de marginalização das populações negras nos espaços da cantoria e do cordel – o que observamos, em particular, e novamente, na análise da atuação de Francisco das Chagas Batista. Todavia, nosso argumento principal é que, para além dos rastros da presença do cangaço no marco, que estudaremos na próxima seção, e das evidências de apropriações da tópica e do gênero do marco por folhetos sobre o cangaço, que investigaremos em seguida, existem algumas similaridades estruturais entre os folhetos de cangaceiros, em sua fase inicial (1900-1940), e o gênero do marco, e que estas similaridades têm fundamento na sociedade escravista.

---

133. Disponível em: <http://revistas.javeriana.edu.co/index.php/cualit/article/view/6377>. Acesso em: 13/08/2012

11 CANDIDO, A. "Dialética da Malandragem (caracterização das Memórias de um sargento de milícias)". *Revista do Instituto de estudos brasileiros*, São Paulo, n. 8, 1970, p. 67-89; FRANCO, M. S. de C. *Homens livres na ordem escravocrata*. São Paulo: Ática, 1976; WISNIK, J. M. *Sem receita: ensaios e canções*. São Paulo, Publifolha, 2004, 536 p. OTSUKA, E. T. "Espírito rixoso: para uma reinterpretação das Memórias de um sargento de milícias". *Revista do Instituto de Estudos Brasileiros*, São Paulo, n. 44, fev. 2007, p. 105-124 Disponível em: <http://www.revistas.usp.br/rieb/article/view/34564>. Acesso em: 20/03/2015.

O cangaço no marco

Da fase inicial de elaboração do gênero do marco – aquela que vai, *grosso modo*, de 1890 a 1940 –, selecionamos para análise, aqui, os marcos "O castelo da cidade Flor Mimosa", de Manoel Vieira do Paraíso; "A defeza da lagoa" e "A fortaleza que levantei dentro de uma lagoa", de Joaquim Francisco Santana; "O marco do meio mundo" (1916-1917?), de João Martins de Athayde; "O marco brasileiro" (1917?), de Leandro Gomes de Barros; "Marco paraibano" (1921), de José Adão; "O forte de Guarabira ou o castello universal" (que parece ser anterior a 1924-1926), de José Camello de Mello Rezende; "O marco do Seridó" (1927/1954), de Manoel Limão; "Marco" (1925), de Severino Perigo; "O marco pernambucano" (1939), de João Ferreira de Lima; e "O forte pernambucano" (1945-1947), de Severino Milanês.

Estes compõem, com efeito, o repertório dos marcos mais importantes ou conhecidos até 1940, fazendo parte com exceção do de Severino Perigo, registrado, como vimos, por Leonardo Mota, e ignorado desde então – da coletânea publicada em 1981 por Átila Almeida e José Alves Sobrinho.

Da leitura desses marcos se depreende uma flagrante escassez de referências explícitas ao cangaço ou ainda à palavra "cangaço". Com efeito, as únicas referências diretas que encontramos nesse conjunto estão em "O castelo da cidade Flor Mimosa", de Manoel Vieira do Paraíso, e no "Marco paraibano", de José Adão.

No primeiro desses poemas, a palavra "cangaço" é utilizada em seu sentido de carga, peso, fardo,[12] reforçado pelo adjetivo "podre" ("podre cangaço"), não dizendo respeito ao grupo de bandidos e seu estilo de vida. A referência ao "podre cangaço" ajuda a descrever os tormentos e suplícios a que são submetidos os cantadores que tentassem adentrar o monumento erigido por Paraíso, ou que infringissem as suas leis:

12 Uma discussão da etimologia do termo cangaço é feita por QUEIROZ, *op. cit.*, e PERICÁS, *op. cit.*

De passo em passo
Despeja o cano
Recende o dano
Podre cangaço
Faz um regaço
Pouco temido
Antes morrido
Do que nascer
Para sofrer
O que tenho sofrido [13]

Lembre-se que a característica principal desse marco é o fato de estruturar-se como um domínio que contém uma grande cidade, a qual é governada por uma corte e um "rei vindouro". Havia também nele uma "justiça", que dava garantia a quem tinha "valia" e "capacidade", a quem falava a verdade, possuía honra e "capricho" (que podemos entender como trabalho). No marco, tal justiça era executada com perfeição, castigando ou premiando a quem merecia. Essa forma de governo parece próxima à de um império, com forte aparato de defesa, exército e polícia. Assinale-se, todavia, que estes tinham ordens do governo para *torturar* os cantadores – em procedimentos evidentemente mais próximos de uma sociedade escravista e discricionária do que de um Estado de Direito ou ainda bastante semelhantes às imagens populares do inferno e às violências perpetradas pelos cangaceiros mais cruéis (conquanto o marco tenha sido elaborado antes da atuação do bando de Lampião). Assim, a "correição" a que a polícia tinha ordem de submeter os cantadores, segundo o despacho do governo do marco,[14]

13 PARAÍSO, M. V. do. "O castelo da cidade Flor Mimosa". In: ALMEIDA, A.; SOBRINHO, J. A. (orgs.), *op. cit.*, p. 26. Grifos nossos.

14 "[...] Cantador que enfim nela chegar/ Antes eu digo: volte, não vá não/ Para estes há uma execução/ O governo da cidade despachou/ A polícia encontrando cantador/ É pra nele fazerem correição." *Ibidem*, p. 21.

abrangia açoites, confinamento, mutilações etc.[15] Desses suplícios o poeta parecia derivar, em dado momento, um prazer sádico:

No meio do muro eu levantei
Uma casa de pedras sem madeira
[...]
Eu nela fiz um porão
Trinta braças de fundura
Com mil caldeiras fervendo
Em embaixo uma treva escura
Este lugar é chamado
Assombro das criatura
[...]
É feito em forma de fogo
Quem entrar não vai sair
O cantador que eu pegar
É depositado ali,
E eu cá fora, na fresca
Eita cabrão gema ai.[16]

Já no "Marco paraibano" (1921), de José Adão, surgem tanto o termo *cangaço* como a citação ao cangaceiro Antonio Silvino. O termo *cangaço* aparece em dois sentidos. Em primeiro lugar, como *conjunto de armas carregadas*. Tal sentido faz parte de um jogo simbólico pelo qual as armas tomam o lugar das rimas, da imaginação e da invenção em

15 "[...] Cantador lá/ Não é aceito// Considera-se assim como imperfeito/ Se pega se amassa e dependura/ Se arrocha uma corda na cintura/ Se imprensa com força e se ataca/ Como um sapo no casco de uma vaca/ Ele morre, derrete e não atura [...] Cantor perturba/ Dorme sem ceia/ Vai p'ra cadeia/ Carregar cuba// Com ele se forma uma turba/ Se retalha as costas é coisa certa/ Se ferra com marca bem na testa/ Depois se lhe rasga a camisa/ Com a verga de boi se dar a pisa/ E se bota a dormir den'da secreta" *Ibidem*, p. 22-23.

16 *Ibidem*, p. 31-32.

uma peleja entre cantadores. Assim, o cantador bem armado, que levava "cangaço", era aquele que estava disposto a enfrentar José Adão, mas que seria derrotado (*morto* ou *escravizado*) e sofreria com o incomparável monumento poético do "Marco paraibano":

O cantor que chega ali
conhece logo que morre
ou fica sendo escravo
sem ter Senhor que o forre
desconfia da parada
arreia a viola e corre

Se também leva cangaço
e se tem disposição
no primeiro canhonaço
sacode as armas no chão
e sem coragem de correr
se ajoelha e pede perdão [17]

É importante frisar que a situação do cantador atrevido reduzido a escravo, mencionada na primeira dessas estrofes, era agravada pelo fato de que ele não teria um "Senhor" que o forrasse, o que remetia, portanto, e até onde sabemos, a uma situação pior do que a dos cantadores cativos no tempo da escravidão (abolida então havia pouco mais de 30 anos), e que abordamos na introdução e no primeiro capítulo deste trabalho. Isso poderia ser visto como eco ou memória de uma advertência a possíveis cantadores escravizados e "protegidos" (como Inácio, por exemplo), para que não se aproximassem.

Mais adiante, a palavra *cangaço* é utilizada em sentido mais próximo daquele empregado por Manoel Vieira do Paraíso (*cangaço* como peso, carga), mas significando aí o ofício de carregador ou transportador. Nesse caso, subentende-se que o pessoal "empregado no cangaço"

---

17 ADÃO, J., *op. cit.*, p. 126. Grifos nossos.

lidava com carregamentos, fretes etc. a serem levados pelos trens de alta tecnologia presentes no marco – em geral, este tem como traço recorrente o ser construído como um monumento de tradição, civilização e, simultaneamente, ultramodernidade –, o que já parece aludir a um universo marcado pelo trabalho livre:

Tem um caminho especial
cujos vagões são de aço
onde anda o pessoal
empregado no cangaço
não existe nesta linha
o mais pequeno embaraço [18]

A outra referência que se faz mister destacar nesse marco é não propriamente ao termo *cangaço*, mas ao cangaceiro Antonio Silvino. Ela aparece em três passagens diferentes, que reproduzem, em parte, versos idênticos (entre eles, o verso: "briga mais do que Silvino"), em uma comparação que, ao mesmo tempo em que revela o compartilhamento do reconhecimento da capacidade de briga do célebre bandido, destina-se a magnificar os apanágios do *contingente de defesa* do marco – os cachorros, os oficiais, os sargentos –, que sobrepujavam Silvino justamente nessa sua qualidade mais assentida:

Cachorro deste meu Marco
só ceia biscoito fino
[...]
corre mais do que o trem
briga mais do que Silvino[19]

Official do meu Marco
usa fardamento fino

---

18 *Ibidem*, p. 137. Grifos nossos.

19 *Ibidem*, p. 110.

lucta em qualquer terreno
conforme seja o destino
mata mais do que veneno
briga mais do que Silvino

Sargento deste meu Marco
de todo o mais pequeno
conforme seja o destino
lucta em qualquer terreno
briga mais do que Silvino
mata mais do que veneno [20]

Era naturalmente de se esperar que, estando Silvino preso desde 1915, ele aparecesse no "Marco paraibano" – que, lembremos, foi publicado em 1921 – não como uma ameaça real a ser combatida, mas como uma figura um pouco mais distante. Além disso, o fato de ele aparecer como modelo de "brigador" corresponde, possivelmente, ao procedimento seletivo de idealização por meio do qual alguns poetas preservavam a imagem heroica do cangaceiro, em detrimento da realidade histórica, veiculada pelos jornais da época, de sua *entrega à policia.*[21]

Destaque-se, porém, que, na descrição do "Marco paraibano", nem Antonio Silvino nem nenhum outro bandido ou opositor apareciam como adversários à altura de suas forças armadas e indústria bélica. Estas seriam insuperáveis, inclusive, pela produção de armamentos de qualquer "país estrangeiro"[22] – colocada em evidência, havia então poucos anos, pela imprensa, por ocasião da I Guerra Mundial. Essa situação contrasta nitidamente com a situação das instituições de defesa reais da região. Até 1930, estas estiveram em desvantagem e, por vezes, promiscuidade em relação aos bandos de cangaceiros, os quais usavam armas importadas

---

20 *Ibidem*, p. 150.

21 DAUS, R., *op. cit.*, p. 54; Clemente, M. E. de A., *op. cit.*

22 "As oficinas do Marco/ produzem bons instrumentos/ fazem toda a qualidade/ de artigos e armamentos/ não ha paiz extrangeiro/ que rivalize em portentos." ADÃO, J., *op. cit.*, p. 138 e ss; p. 150.

de grande potência e qualidade (o que ajudaria, dentre outros fatores, a explicar a superioridade "real" do poder de Lampião e seu grupo sobre as "forças da ordem" durante um longo período).[23] Seja como for, é de notar-se que o cantador e poeta Severino Milanês, em seu "O forte pernambucano", escrito nos anos 1940, já depois de findo o período de vigência do "cangaço real", seguiu a fundo essa vertente, centrando todo o seu marco na descrição minudente de seu aparato bélico. Descrição esta apoiada, segundo Átila e Sobrinho, nas informações sobre artilharia divulgadas durante a II Guerra Mundial.[24] Com isso, seu marco tornava-se invulnerável – em um plano evidentemente simbólico – não só às investidas de qualquer cantador, mas, também, em relação a um eventual retorno dos temíveis cangaceiros.

Assim, pode-se concluir que o cangaço, como fenômeno dos bandos de criminosos que assolaram os sertões do "Nordeste" brasileiro a partir de finais do século XIX, não aparece explicitamente no gênero do marco até 1930 – com exceção apenas da menção ao caráter "briguento" de Antonio Silvino, no "Marco paraibano". O que não deve surpreender: lembre-se que os grandes inimigos e opositores visados pelos poetas em seus marcos são em geral o *"cantador" e seus insultos*, ou ainda os *poetas e sua capacidade de criação*.

Sem embargo, queremos argumentar aqui que, de forma indireta, ou antes, *nas sombras do marco*, é possível vislumbrar uma presença silenciosa do cangaço – o que deve ter ficado já claro na breve análise das passagens acima. Afinal, o marco aparece como *inversão utópica do mundo real*. Neste, a atuação subversiva do cangaço (cuja violência cruamente descrita, idealização ou transformações paródicas só fazem realçar, nos folhetos de cordel, a "corrução" das instituições vigentes) foi não só sentida, de diferentes formas, como alçada, como vimos, a símbolo social difuso. A presença indireta, como imagem invertida, do cangaço no marco pode ser notada, por exemplo, na descrição de instituições bem armadas e

23 Para uma discussão desses aspectos ver MELLO, F. P. de, *op. cit.*; PERICÁS, L. B., *op. cit.*; entre outros.

24 MILANÊS, S. "O forte pernambucano". In: ALMEIDA, A.; SOBRINHO, J. A. (orgs.), *op. cit.*, p. 233; 234-240.

invulneráveis à "desordem"; na existência de um governo e de uma justiça sábios e incorruptíveis, respeitadores dos direitos da população, que por sua vez os teme e respeita; e na construção de uma imagem divina de fartura, sabedoria e ciência.

No entanto, essa inversão tem como ponto comum com a possível atuação real (e também a fictícia) dos cangaceiros – e especialmente a de Lampião[25] –, em vários marcos, as *práticas de tortura utilizadas nas punições.* Outro ponto em comum é, por vezes, o caráter mágico da atuação dos cangaceiros nos folhetos, que também encontra paralelos nos fenômenos, maravilhas e punições presentes nos marcos. O próprio Satanás é um personagem que apareceria de forma semelhante – e sempre em registro hiperbólico – em parte dos folhetos sobre o cangaço e nos marcos: naqueles, como um duelista que não seria páreo para os cangaceiros;[26] nestes, como fraco para enfrentar suas forças malignas e poder assustador.[27]

Todos esses pontos nos sugerem a necessidade de uma reflexão mais detida sobre a presença pervasiva da violência, raiz da sociedade escravista, na literatura de cordel brasileira[28] – algo que nos parece poder ser vislumbrado no aprofundamento da comparação entre os folhetos sobre o cangaço e os marcos.

---

25 No entanto, Leandro Gomes de Barros descreve Silvino e seus capangas como terríveis feras, e fornece, em parte, o modelo para a demonização de Lampião e seu bando por Francisco das Chagas Batista. Ver, por exemplo, BARROS, L. G. de. "As proezas de Antonio Silvino/ Os calculos de Antonio Silvino". Recife: Becco de Souza, s.d. Disponível em: http://docvirt.com/docreader.net/DocReader.aspx?-bib=RuiCordel&PagFis=836&Pesq=LC7041. Acesso em: 11/02/2019; além do clássico "Como Antonio Silvino fez o diabo chocar". BARROS, L. G. de. "Como Antonio Silvino fez o diabo chocar", *op. cit.*, p. 228-241.

26 *Ibidem*; PACHECO, J., *op. cit.*

27 "O diabo um dia disse:/ - Vou ver o que será - / disse ao voltar ao inferno -/ Quase que eu não volto cá/ num precipicio daquela,/ um cachorro que vá lá." BARROS, L. G. de. "O marco brasileiro e as aventuras...", *op. cit.*, p. 8; "Até o chefe Satanaz/ com a força que tiver/mesmo o diabo ferrabraz/e mais caosinhos que houver/lá chegando fica preso/qualquer dia que quiser//O velho diabo Lucifer/ouço dizer que é valente/mas no meu Marco não vae/que tem medo de repente/sua ideia é muito forte/mas para mim é demente" ADÃO, J. "Marco paraibano". In: ALMEIDA, A.; SOBRINHO, J. A. (orgs.), *op. cit.*, p. 163.

28 Ver TERRA, R. *Memória...*, *op. cit.*, p. 18.

O marco no cangaço

"O marco de Lampeão" (1926?)

Vimos no item anterior algumas presenças, diretas ou indiretas, do cangaço nos marcos escritos até 1940. Falaremos, agora, sobre as presenças do marco no cangaço, demorando-nos na leitura de folhetos escritos por Francisco das Chagas Batista. Tal escolha se deve ao fato de este ter sido, ao que tudo indica, o autor que mais fez referências diretas aos marcos em seus folhetos sobre o cangaço – e ainda pela centralidade que seus cordéis ocupam no "ciclo do cangaço" de finais do século XIX até 1930.[29] Essas circunstâncias não nos parecem casuais. Como vimos, Batista teve um papel ativo no processo de detração da memória das vozes negras na cantoria e no cordel, ao exaltar Romano em detrimento de Inácio; Cabeceira em detrimento de Caetano; Antonio da Cruz em detrimento de Sem Fim; etc. Tentaremos agora examinar como esses fios de sua atuação podem ser costurados a partir do estudo de seus poemas sobre o cangaço, sob o ângulo do modo como neles aparecem a tópica e o gênero do marco.

O primeiro folheto que se destaca nesse sentido é o breve "O marco de Lampeão", publicado por Batista em 1926 (?).[30] Inspirando-se, em parte, possivelmente, em um fato histórico mais ou menos próximo – a existência de um reduto, nomeado Casa de Pedra, a partir do qual o antigo cangaceiro Jesuíno Brilhante lançava suas expedições e ataques[31]

---

29 ANDRADE, M. de, *op. cit.*; DIÉGUES JR., M. *Literatura popular em verso: estudos.* Belo Horizonte Editora Itatiaia 1986, p. 152-162; TERRA, R., *op. cit.*, p. 81-107; DAUS, R., *op. cit.*; etc.

30 Exemplares do folheto encontram-se no acervo da Biblioteca de Obras Raras Átila Almeida (UEPB) e no Fundo Mário de Andrade do IEB-USP. Ele foi republicado, em versão *fac-similar*, na antologia de cordéis de Francisco das Chagas Batista editada pela Casa de Rui Barbosa em 1977. BATISTA, F. das C. *Literatura popular em verso. Antologia.* Rio de Janeiro: Casa de Rui Barbosa / Ministério da Educação e Cultura, 1977, Tomo IV.

31 Idelette M. F. dos Santos considera "O marco de Lampeão", enquanto "tópica da literatura oral", como derivado provavelmente "de um fato histórico do cangaço": Jesuíno Brilhante teria sido o único cangaceiro a dispor de um reduto de onde lançava suas expedições e ataques. Ainda segundo a autora, tal tópica pareceria ter sido

–, tal folheto não é um "marco verdadeiro". Pode-se afirmá-lo tendo em vista que ele rompe com várias características do gênero (não é narrado em primeira pessoa por um cantador ou poeta; possui caráter *fragmentário*; etc.), não tendo por isso sido incluído, provavelmente, na coletânea de Almeida e Sobrinho. Trata-se antes, talvez, de uma paródia – na qual o tom diverge, aparentemente e à primeira vista, do aspecto mais evidentemente cômico de folhetos como a "A política de Antonio Silvino" ou "A morte de Cocada e a prisão de suas orelhas", ambos também de autoria de Batista.[32] Tal paródia nos parece ser utilizada como *forma de descrever o poder de Lampião*, visto como subversor ou substituto das instituições oficiais, além de instaurador de um reinado de terror: crimes, roubos e assassinatos violentos.

Marco é tomado aí no sentido de "domínio", "governo", explorando o folheto a demarcação física das lindes do reino de Lampião e suas andanças por territórios adjacentes, sulcados pela prática de "mil horrores", bem como pela luta constante com a polícia:

No Estado de Pernambuco
Lampeão se abarracou,
Com cento e trinta bandidos
Dos sertões se apoderou
E no Pegehú de Flores,
Praticando mil horrores
O seu marco edificou.

Este marco do bandido
Determina a divisão
Das terras que elle governa
Que occupam todo sertão,

---

reatualizada no romance de Rachel de Queiroz, *Memorial de Maria Moura* (1992). SANTOS, I. M. F. dos. *Em demanda...*, *op. cit.*, p. 118; 162.

32 BATISTA, F. das C. "A política de Antonio Silvino". In:_________., *Antologia...*, *op. cit.*, p. 124-134; BATISTA, F. das C. "A morte de Cocada e a prisão de suas orelhas". In:_________., *op. cit.*, p. 118-123.

O Estado de Alagoas
Que dispõe de forças boas
Lhe serve de divisão.[33]

Assim, o folheto começava com a descrição dos limites geográficos do marco de Lampião, logo passando a relatar episódios que evidenciavam o poder do mesmo: em primeiro lugar, o assassinato de um sargento alagoano e o envio de suas divisas ao governador de Alagoas; seguidos da invasão desse mesmo estado, onde os cangaceiros roubavam e matavam,[34] e do roubo e prisão de um empregado de uma empresa que passava por terras "pertencentes" a Lampião. Note-se que tal empregado só teria sido poupado de ser queimado por ter rogado em nome do padre Cícero, a quem o bandido era extremamente temeroso.[35] Na sequência, outro crime é narrado: um "comparsa" de Lampião o convida, sem explicações no folheto, a matar "Manoel Giló no sertão", o que é feito de forma cruel ("Os Gilós foram então presos/ E os treze homens indefezos/ Lampeão todos sangrou"). Em seguida, são registradas de forma plausível, não hiperbólica (o que desacorda totalmente daquilo que se esperaria no gênero do marco), tanto a excursão de Lampião à Bahia (onde ele teria matado "pouca gente"; tendo, entretanto, roubado "uma porção") como sua volta a Pernambuco (onde ele teria sido cercado pela polícia, que teria ferido dez membros de seu grupo, dentre "os mais ruins e mais baratos").[36]

Nesse ponto, o folheto passava a descrever não propriamente as ações de Lampião e seu grupo, mas as da polícia para combatê-los. Informava que Sergio Loreto, governador de Pernambuco, nomeara "agora" o major Teophanes Torres, que havia prendido Antonio Silvino, para capturar Lampião (o que, mencione-se apenas de passagem, coincide com os "fatos históricos reais"), tendo o tal major seguido para o "alto sertão". Aqui o narrador introduzia a voz de ambos – algo raro no gênero do marco, caracterizado, como temos visto, por um longo monólogo em primeira pessoa:

---

33 BATISTA, F. das C., "O marco de Lampeão". In: ________., *op. cit.*, p. 238 (p. 1).

34 *Ibidem*, p. 239 (p. 2).

35 *Ibidem*, p. 239-240 (p. 2-3).

36 *Ibidem*, p. 240-241 (p. 3-4).

Teophanes foi quem prendeu
O brabo Antonio Silvino,
E agora quer prender
O capitão Virgolino.
Que jura que não se rende:
E Teophanes diz que prende
Ou mata aquelle assassino.[37]

O folheto é interrompido na estrofe seguinte, que, trazendo certa leitura das contradições presentes *nos próprios acontecimentos*, descreve não a oposição ou luta entre as forças da ordem e o "reinado" de Lampião, mas justamente o seu contrário: o rumor da possibilidade de atuação do bandido, caso fosse perdoado, *à serviço da ordem*, como "bom bernardista" – ou seja, em defesa das forças do presidente da república Artur Bernardes:

Luzardo afirma na camara
Que Lampeão è legalista
Que de Floro Bartolomeu
Elle estivera na lista.
Que tem serviço prestado
E que se fosse perduado
Seria um bom bernardista.[38]

É possível que esse final abrupto seja na verdade a chave para a compreensão do folheto: afinal, ele frustra a expectativa criada anteriormente, desaguando em algo que poderia ser lido/ ouvido como uma absurda e macabra piada: depois de tantos roubos, assassinatos e embates com as instituições oficiais, um representante dessas mesmas instituições não apenas cogitava Lampião como digno de ser perdoado e de atuar em defesa do governo, mas ainda evocava um episódio, protagonizado por outro agente "oficial", em que tal atuação tinha sido

37 *Ibidem*, p. 241 (p. 4).

38 *Ibidem*.

efetivamente possível (outra leitura poderia ver o desfecho como registro não cômico da mescla entre as forças da ordem e da desordem, bem como da violência como pressuposto para o ingresso nas "instituições oficiais"). Tal episódio dizia respeito à famosa carta de Floro Bartolomeu a Lampião, na qual o deputado aliado do Padre Cícero pedia ao bandido que, em troca de benefícios, lutasse ao lado das forças da ordem contra a Coluna Prestes – algo que acabou por não se concretizar. Como se sabe, o episódio envolveu o não menos famoso e mítico encontro do Padre Cícero com Lampião – o qual inspirou folhetos (de autoria, inclusive, de Chagas Batista),[39] representações iconográficas[40] e parece ter sido mencionado indiretamente em "O marco de Lampeão", como se vê na citação do temor do cangaceiro ao religioso.

A forma como Chagas Batista se refere à nova possibilidade de atuação de Lampião ao lado das forças da "ordem", como "bom bernardista", cogitada por um político, deve ser analisada. E, nesse ponto, é preciso salientar que ela é na verdade uma *construção por parte do poeta*, já que o deputado federal gaúcho João Baptista Luzardo era na verdade um grande opositor do governo de Bernardes, defensor do tenentismo e da Coluna Prestes, e possivelmente teria aludido ao contato entre Floro Bartolomeu e Lampião justamente para criticá-lo.[41] Assim, Chagas Batista parece ter distorcido ou, ao menos, mencionado o episódio sem se comprometer explicitamente com Luzardo ou ainda mantendo-se

39 Ver, por exemplo, "Conselhos do Padre Cicero a Lampião". In: BATISTA, F. das C., *op. cit.*, p. 221-228.

40 Ver, por exemplo, as matrizes de xilogravura da Coleção Gilmar de Carvalho, pertencente à Coleção de Artes Visuais do IEB-USP; ver também RAMOS, E., *op. cit.*, p. 138.

41 Ver, por exemplo, a Carta de Francisco Bastos a Temístocles Brandão Cavalcanti, datada de 25 de julho de 1926, denunciando os planos do Governo de São Paulo e de Arthur Bernardes de marcharem para o Norte com ajuda de alguns legalistas para combaterem os revolucionários; e solicitando que informe a Batista Luzardo para que este comunique os fatos a Miguel Costa ou Luiz Carlos Prestes. São Paulo. Documento manuscrito, TBC, c.1926.07.25, Correspondência. Acervo CPDOC-FGV (RJ). No site do CPDOC-FGV (RJ), o verbete relativo a Luzardo informa: "[Em 1924,] participou da fundação da Aliança Libertadora, agremiação que unificava os diversos setores da oposição gaúcha, e que mais tarde se transformaria no Partido Li-

indiferente ao mesmo; em todo caso invertendo, possivelmente, o sentido de sua intervenção, que pode ter sido (também) sarcástica. Mas, ao fazê-lo, acabou descrevendo "objetivamente"/ ambiguamente o fato primordial da mescla entre ordem e desordem, legalidade e violência transgressora, política, polícia e cangaço. Afinal, o folheto nos leva a pensar como um bandido que age contra as instituições, ocupando seu lugar, e não apenas mata, mas o faz de forma extremamente cruel, poderia vir a ser considerado "legalista". A esfera do poder ou estava totalmente de ponta-cabeça (algo que poderia provocar, no leitor/ouvinte, múltiplas reações, derivadas de possíveis efeitos cômicos, de denúncia ou mesmo resignação etc.), ou então participava deste mesmo universo, seguindo uma lógica própria, em que ordem, desordem e violência crua não se excluíam.

Da análise acima depreende-se que, em "O marco de Lampião", os elementos retidos por Chagas Batista no que tange ao gênero do marco foram extremamente seletivos, tendo sido buscados, de um lado, em algumas de suas características mais gerais; e, de outro, não na linhagem de descrição das maravilhas de "O marco brasileiro", de Leandro, mas na vertente de descrição das ameaças e punições de "O castelo da cidade Flor Mimosa", de Manoel Vieira do Paraíso, envolvendo: 1) a esfera de delimitação de um território, de um espaço de poder pleno, ainda que em disputa; e 2) a violência que este poder dedicava a seus inimigos (amplificada, de forma ridícula, subversiva e aterrorizante, pela possibilidade de Lampião e as instituições oficiais tornarem-se aliados).

---

bertador (PL). Nesse mesmo ano elegeu-se deputado federal. Exerceu na Câmara oposição intransigente ao governo federal, divulgando da tribuna os manifestos e reivindicações da jovem oficialidade - os tenentes - que por essa mesma época combatiam o governo pelas armas. Constituiu-se, assim, na única voz a defender a Coluna Prestes no Parlamento. Em 1925, chegou a ser preso, acusado de conspirar contra o governo. Com a posse de Washington Luís, em 1926, moderou suas críticas, mas manteve-se como porta-voz dos revolucionários na Câmara." Fonte: *Dicionário histórico biográfico brasileiro pós 1930*. 2ª ed. Rio de Janeiro: Ed. FGV, 2001, citado em: "Batista Luzardo". Disponível em: http://cpdoc.fgv.br/producao/dossies/AEraVargas2/biografias/batista_luzardo. Acesso em: 10/02/2013. Não encontramos, no banco de dados do site do CPDOC, referências a documentos que citem o pronunciamento de Luzardo a respeito de Lampião, mencionado por Chagas Batista.

A "Historia completa de Lampeão" (1925)

Uma segunda e contundente menção ao marco em folhetos sobre o cangaço pode ser encontrada em um dos folhetos mais conhecidos de Francisco das Chagas Batista, a "Historia completa de Lampeão, contendo a lucta no Serrote Preto, o fechamento do corpo de Lampeão por um feiticeiro, o pacto de Lampeão com o Diabo e a luta com uma tigre", publicado em 1925. Tal poema contém – o que é típico da literatura de cordel, como notaram vários autores – uma colagem de elementos já presentes em outros folhetos, inclusive relativos a Antonio Silvino (ver, por exemplo, "Os cálculos de Antonio Silvino", de Leandro Gomes de Barros; e "Antonio Silvino de luto", do próprio Chagas Batista [?]).[42] É, porém, mais do que colagem, representando uma síntese bem acabada dos elementos mais fantasiosos, místicos e cômicos presentes em folhetos sobre o cangaço. Além disso, e embora distancie-se bastante, aparentemente, do elemento descritivo "histórico", alimenta-se deste na medida em que elabora simbolicamente, como *demoníaca*, uma ação histórica concreta marcada por violências inauditas e pela procura incessante pela *delimitação de um território*, reconhecimento e *demonstrações de poder*.[43]

Nesse sentido, o folheto descreve uma rotina de assassinatos, roubos e embates com as forças policiais, destacando-se, nessa descrição, tanto a ruptura com as moralidades sertanejas ("Agarraram o assassino./ Picaram-o todo em pedaço,/ Não deixaram delle inteiro/ nem mesmo perna nem braço,/ Os tres d'ahi por diante,/ Não mais puderam um instante,/ Abandonar o cangaço")[44] como a mistura com o elemento mágico, relacionado ao diabo e aos elementos culturais indígenas e, precipuamente, *africanos* (o feiticeiro que "fecha o corpo" de Lampião

42 BARROS, L. G. "Os cálculos...", *op. cit.*, p. 9-11. BATISTA, F. das C. (?). "Antonio Silvino de Luto". S.l; s.d., p. 11-14. Caixa 11, Código: MA-LPCORDEL-004, Fundo Mário de Andrade, Arquivo IEB-USP.

43 Ver MELLO, F. P. de, *op. cit.*,; PERICÁS, L. B., *op. cit.*; GRUNSPAN-JASMIN, É., *op. cit.*

44 BATISTA, F. das C. "A historia completa de Lampeão..." In: ________, *op. cit.*, p. 255 (p. 12).

é chamado *Macumba*;[45] o diabo, com quem Lampião pactuará, é negro;[46] etc.). Significativamente, o bando de Lampião, apresentado como bestial, compõe-se, do ponto de vista étnico, de uma ampla paleta abrangendo *cabras fulos*, *negros*, *mulatos*, *caboclos* e "*mestiços*",[47] aos quais se juntará uma tribo de índios[48] (elemento que está igualmente presente, lembremos, em "A defeza da lagoa", que Chagas Batista atribuiria, poucos anos depois (1929), a Joaquim Francisco Santana).

Não nos deteremos na leitura minuciosa desse folheto, de resto bastante conhecido. Concentrar-nos-emos, apenas, no momento em que o narrador, após relatar o "triste episódio" da emboscada que Lampião fez à polícia paraibana em Serrote Preto, acompanhava a trajetória do cangaceiro e seu grupo ao encontrarem um refúgio em tudo próximo das fortalezas descritas em alguns marcos:

Lampeão com o seu grupo
Para bem longe arribou,
E na serra do Araripe,
Uma fortaleza achou
Toda feita de granito
Em um lugar esquisito
Onde elle se arrancho.[49]

A referência a uma pedra símbolo de solidez e utilizada na construção de monumentos (a "fortaleza" é de granito) e a sugestão de seu possível caráter mágico ("lugar esquisito") tornam a associação do refúgio aos marcos, de imediato, bastante pertinente. Percebe-se também, contudo, uma nítida diferença, na medida em que a fortaleza não teria sido *construída*, mas *descoberta*. Seja como for, uma descrição monumental e hiperbólica

45 *Ibidem*, p. 3-4 (p. 246-247).

46 *Ibidem*, p. 23 (p. 266).

47 *Ibidem*, p. 9-11 (p. 252-253).

48 *Ibidem*, p. 20-21 (p. 263-264).

49 *Ibidem*, p. 19 (p. 262).

do refúgio era realizada, caracterizando sua dimensão supostamente impenetrável, típica dos marcos – mas que Lampião *teria conseguido violar.*

Do pè da serra ao local
Onde se acha a fortaleza,
Media umas cinco legoas,
Tendo do forte a defeza
De serras mui despenhadas,
Ponteagudas e escarpadas,
Onde é bruta a natureza.

Não ha estrada ou caminho
Por onde possa la ir
Uma creatura humana,
Lampeão pode subir
Com o seu grupo completo
Por um caminho secreto
Que conseguio descobrir.[50]

Na sequência, eram descritos os perigos e grandezas da fortaleza: um rio caudaloso, que a braço não se atravessava por ser "bravo e magestoso", e que em embarcações era igualmente inacessível, em decorrência de suas cachoeiras; as "mil feras malvadas" que existiam do "lado do poente", para matar o viajante; e o rochedo íngreme e alcantilado, que inspirava "pavor e medo", pelo "lado do nascente", depois do sertão descampado. Em meio à paisagem, chama a atenção a presença *de água*, traço constante nos marcos: ao sul da fortaleza havia um grande bosque de majestosa espessura, onde se destacava um manancial "D'agua christalina e pura".[51]

Ao adentrar a fortaleza, Lampião encontrou, como já notamos, uma tribo de índios. Estes serviram-lhe de guia, ajudando-o, outrossim, a abrir um "subterrâneo". Os índios – que o cangaceiro ensinou a atirar –

50 *Ibidem.* Os mesmos versos, com pouquíssimas mudanças, estão reproduzidos no folheto "Antonio Silvino de luto". BATISTA, F. das C. (?), *op. cit.*, p. 13.

51 BATISTA, F. das C. "A historia completa de Lampeão...", *op. cit.*, p. 19-20 (p. 262-263).

transformaram-se logo em um obediente exército, para o qual um batalhão de polícia não seria páreo.[52] Outros perigos da fortaleza eram assinalados, sobressaindo a menção a Lampião dentro forte como *rei dos cangaceiros*.

> *Lampeão dentro do forte,*
> *Só tem vinte companheiros,*
> *São vinte feras humanas*
> *Vinte Lobos carniceiros,*
> *Ninguem se compara a elles,*
> *Lampeão na frente delles*
> *E' o rei dos cangaceiros.*[53]

O primeiro desses cangaceiros e membros do bando seria Levino, lugar-Tenente e parente de Lampião, pintado como um tipo aparentemente calmo, mas que possuía, dentro de si, *o diabo*, sendo, na luta, *uma serpente*. Ele teria ensinado seus cabras a comer de mês em mês; a beber água a cada quinze dias; a dormir uma vez por ano; e a atirar em um soldado e "derrubar dezesseis".[54]

Esses versos de alguma forma preparam o leitor/ouvinte para o episódio do encontro e do pacto de Lampião com o demônio (Fig. 4) (depois do qual Lampião sairia para caçar e lutaria com uma "tigre", interrompendo-se o folheto após o cangaceiro tê-la vencido, retornado

---

52 *Ibidem*, p. 20-22 (p. 263-265).

53 *Ibidem*, p. 22 (p. 265). Observe-se que é evidente a similaridade entre o verso "É/ o/ rei/ dos/ can/ga/ceiros" e o (possível) verso "É/ o /rei/ dos/ can/ta/dores", cujas seis primeiras sílabas poéticas são praticamente idênticas. Como já vimos, "rei dos cantadores" era um termo em disputa entre finais do século XIX e o começo do século XX. E é justamente como Joaquim Francisco Santana era apresentado na primeira estrofe de sua célebre e popular peleja (*luta*) com o demônio, em que, lembremos, o Negro (representante da fé católica) vencia o negro (demônio). "Peleja de Joaquim Francisco com o Demônio", *op. cit.*, p. 1.

54 BATISTA, F. das C. "A historia completa de Lampeão...", *op. cit.*, p. 22-23 (265-266).

e preparado um guisado e uma festa).[55] Note-se que toda essa sequência, que marca o desaparecimento da descrição mais evidente das maravilhas/perigos do marco, desenrola-se nos perímetros da fortaleza do cangaceiro. Nesta, o diabo aparecia a Lampião "um dia", quando este estava sozinho, *sob a forma de um homem negro*.[56] Dava-se então, entre o tinhoso e o bandido, uma espécie de *peleja* verbal e física, pontuada por insultos, golpes, tiros etc., à qual se seguia o *pacto* – oposto simétrico de *luta*.

De toda essa passagem, queremos destacar dois momentos. O primeiro diz respeito a uma intervenção, em meio à peleja, de Lampião, que responde da seguinte forma a uma provocação do demo:

> *Nem estou na nova seita,*
> *Nem com você estou brincando;*
> *Estou disposto para a lucta,*
> *O que posso fazer não mando.*
> *E você dicida logo,*
> *Porque na banca que eu jogo*
> *Muleque não sai ganhando.*[57]

Tais versos contêm mais um índice claro da presença da relação entre a "cor preta", o universo do mal e a escravidão, que permeia o folheto. Lampião chama o diabo de moleque, palavra de origem africana utilizada no Brasil para descrever meninos travessos, "sem educação", filhos de escravizados ou mesmo apenas de cor negra.[58] De forma expressiva, tal insulto foi amplamente utilizado em pelejas antigas e clássicas, reais ou imaginárias, nas quais um cantador negro (escravizado,

---

55 [...] Matou uns vinte mocòs,/ Uma paca e um queixada,/ Na fortaleza os guisou/ E quando o grupo chegou/ Houve uma festa animada. *Ibidem*, p. 30 (p. 273).

56 *Ibidem*, p. 23 (p. 266).

57 *Ibidem*, p. 24 (p. 267); grifos nossos.

58 Escrevia Leonardo Mota, em 1925: "Correm pelo sertão pernambucano uns versos que dizem: 'Filho de branco é 'menino',/Filho de negro é 'moleque'...' ". MOTA, L., *op. cit.*, p. 255.

liberto ou livre) opõe-se a outro "branco", como é o caso, por exemplo, das pelejas de Manuel Cabeceira e Manuel Caetano; e do Cego Aderaldo e Zé Pretinho do Tucum.

O outro momento é aquele em que o pacto já foi consumado, tendo o diabo bebido o sangue de Lampião, dizendo:

Em quanto tiveres vida
Teu corpo defenderei
E no dia em que morreres
A tu'alma levarei
Para o meu reino infernal
Onde impera o maioral.
A quem sempre servirei.[59]

Nessa estrofe fica claro que, ao contrário do que ocorre no encontro entre Antonio Silvino e o capeta em "Como Antonio Silvino fez o diabo chocar", de Leandro Gomes de Barros,[60] a fortaleza descoberta por Lampião não é o próprio inferno ou parte do reino de Satanás. Tal dado é corroborado adiante, quando sabemos que "O diabo se retirou/ E a fortaleza ficou/ Fedendo a chifre queimado".[61] Assim, Lampião aparecerá, em *seu* "Marco", como "rei dos cangaceiros", ocupando na fortaleza a posição máxima de mando e conseguindo angariar para si todo um aparato de defesa (incluindo a tribo de índios, a natureza, os animais etc.). Torna-se aí, inclusive, ainda mais "poderoso", na medida em que seu corpo passa a ser protegido pelo demônio. Entretanto, é dentro dessa mesma fortaleza que se consome a submissão de sua alma, que o condenará, afinal, à escravidão e aos tormentos eternos. A fortaleza

59 BATISTA, F. das C., "A historia completa de Lampeão...", *op. cit.*, p. 26 (p. 269).

60 "Vi uma cova na terra/ Que ia de cima ao centro,/ Consultei com os meus botões/ Se devia ir ali dentro... [...] Adiante sahí num campo/ Avistei um povoado/ Era a rua do inferno/ Estava o diabo occupado,/ Confessando um nova-ceita/ Que ha pouco tinha chegado." BARROS, L. G. "Como Antonio Silvino fez o diabo chocar", *op. cit.*, p. 234-235; 237.

61 BATISTA, F. das C. "A historia completa de Lampeão...", *op. cit.*, p. 28 (p. 271).

aparece então como uma gigantesca armadilha – e é impossível não lembrar, aqui, que a construção de uma fortaleza/marco como armadilha (diabólica) é exatamente o que constatamos no capítulo anterior, em nossa leitura de "A defeza da lagoa", que Chagas Batista atribuiria a Joaquim Francisco Santana e que publicaria em seu livro *Cantadores e poetas populares* –, podendo os leitores/ ouvintes do folheto ter a certeza reconfortante de que o gozo do domínio pleno, da invulnerabilidade e da capacidade ilimitada para a prática do mal (violência, tortura, morte) acabará tendo um preço alto demais.

A mensagem de fundo moralista, de resto bem pouco evidente em "Historia completa de Lampeão...", não deve ofuscar o subtexto relativo à contestação dos contradiscursos em relação à demonização do negro (de Joaquim Francisco Santana, por exemplo), assim como não pode obnubilar o universo do qual emergem, no folheto, tanto a presença dos elementos africanos como a dialética entre domínio e submissão, liberdade absoluta e privação total, que permeiam sua narrativa violenta e racista, e mesmo aspectos mais pontuais como a própria fuga para uma fortaleza vista como mágica e isolada no alto sertão. Referimo-nos, obviamente, ao universo da escravidão e suas heranças em disputa, tão presente na literatura de cordel e nos registros relativos aos espaços da cantoria – e, ao mesmo tempo, ainda tão apagado de suas histórias.

Os paralelismos entre o cangaço e o marco. Considerações finais: uma poética da violência?

Vimos, ao longo deste trabalho, que a sociedade escravista produziu, no Brasil, uma poética baseada na expressão de uma *voz individual* (embora também coletiva); na edificação de *domínios poéticos excepcionais*; e na utilização de hipérboles construtivas e destrutivas. Argumentaremos, agora, que tal poética pode ser lida como contendo um conjunto de elementos outros que nos possibilitam caracterizá-la, ao menos em parte, como uma "poética da violência" – isto é, que *responde à violência*, incorporando, em um plano simbólico e ritual, e segundo uma lógica de detração ou autovalorização (conforme o caso), seu modo de funcionamento.

Para tanto, procuraremos retomar e completar nosso estudo comparativo entre o marco e o cangaço, com particular atenção às suas relações com as múltiplas heranças da escravidão. O marco constrói um espaço de exceção, que se assemelha bastante aos espaços dessas figuras de exceção que são os cangaceiros, bem como ao "reinado" a que estão submetidos os seres humanos sob regimes escravocratas. Tais espaços são de natureza bastante distinta, já que o universo do marco possui uma dimensão utópica que o coloca, em determinado plano, como oposto simétrico dos espaços do cangaço e da escravidão. Constata-se, assim, certa simetria entre um mundo de pura harmonia e perfeição, edificado pelo marco, e sua imagem invertida seja no cangaço, seja em uma sociedade escravista ou que permite situações de escravidão. Inversão que parece assumir seu caráter mais extremo em Leandro Gomes de Barros, que erige seu "Marco brasileiro" quase exclusivamente com maravilhas – situando-o, inclusive, fora do espaço do sertão, a partir de uma pedra fincada no fundo do mar (um pouco à moda da colina de Poseidon, para retomarmos a sugestão de Mário de Andrade, que abordamos em nossa introdução).

Deve-se observar, porém, que construir um marco significa forjar um domínio absoluto, invulnerável e mágico, ou seja, algo superior ao domínio de qualquer outra autoridade – embora os poetas possam reconhecer a existência de outras "nações", buscando e obtendo, por sua vez, seu reconhecimento etc. –, o que se apresenta então também, em certo sentido, assim como o cangaço, como *inversão*.

É importante enfatizar que tanto o marco como os folhetos de cangaço constituem *domínios*. Estes aparecem como espaços de governo, de exercício do poder. No caso do marco, trata-se de um espaço simbólico, que remete à excelência no fazer poético, podendo assumir múltiplas formas, mas que se encontra situado geralmente no "meio do sertão", distanciando-se deste, de forma significativa, mas não linear, a partir do poeta branco Leandro Gomes de Barros. Já no caso do cangaço, esse domínio é *a própria região geográfica do sertão*, caracterizada pelo exercício de um poder social aterrorizante, na maioria das vezes em luta ou mescla com as instituições – o governo, a política, as leis, a polícia, o exército etc. Coincidentemente, o "poder poético" dos marcos é muitas vezes representado também como *aterrorizante*. Magnífico e aterrorizante.

Os marcos e os folhetos do ciclo do cangaço podem ter em comum, ainda, a violência que reservam à repressão a seus "opositores" (no que se refere aos marcos, ao menos em boa parte deles), segundo métodos que remetem ao universo da escravidão (punições físicas, tortura etc.). Lembre-se aqui, a propósito, mais uma vez, que o gênero do marco foi criado, ao que tudo indica, no meio da cantoria, em que eram comuns os embates entre cantadores negros, muitas vezes escravizados, e cantadores livres ("negros", "mulatos", "caboclos", "brancos" etc.). Como vimos ao longo de todo este estudo, nesses embates, os assuntos da escravidão e da cor estiveram constantemente no centro das trocas e insultos poéticos – caracterizados, em particular, pelo emprego de hipérboles construtivas e destrutivas e por conceitos e imagens em que se reconhece, claramente, a tópica do marco.

Assinalamos, no decorrer deste trabalho, que a *propriedade* no universo da cantoria, em que surgem os marcos e a própria literatura de folhetos, é uma categoria derivada de sua importância como princípio estruturador de toda a sociedade. Nesse sentido, se o poder dos cangaceiros se revela, nos folhetos, através de seu domínio (e "fama") sobre um vasto território, que se afigura, assim, também como *sua propriedade* – na qual os bandidos procuram impor a "sua lei" e exercer a "sua liberdade" –, o marco, por sua vez, revela-se como um gênero no qual cantadores e poetas procuraram desenvolver ou mostrar a sua voz como *posse pessoal*, buscando, por vezes, não apenas "fama universal" mas a *própria liberdade* – o que tem raiz, do ponto de vista de cantadores e poetas negros, na luta para sair da condição de escravizados ou na batalha simbólica para conquistar espaço, respeito ou simplesmente diferenciar-se em uma sociedade herdeira da escravidão. Ora, parece-nos bem possível que a investigação desta problemática nos ajude a desvendar uma característica válida tanto para interpretar o gênero do marco como para compreendermos, parcialmente, mas em nível profundo, o porquê do surgimento, da persistência e da obstinação de tantos talentos naquele espaço múltiplo e heterogêneo do que é hoje o nordeste do Brasil. Talentos que, na música, na literatura, na ciência, nas artes etc., poderíamos pensar ter incorporado certa tendência à monumentalização, à busca experimental de uma voz pessoal e, de diferentes formas, ao estabelecimento de um "Marco".

E indo ainda mais longe: seria possível ler sob esse prisma aspectos do fenômeno do cangaço, partindo-se, inclusive, da relativa proximidade dos cangaceiros em relação ao universo das cantorias e folhetos? Pense-se, por exemplo, na dimensão simbólica da atuação do bando de Lampião e sua busca desesperada para romper todas as fronteiras, alcançando limites extremos de violência, disseminação do terror e dissociação. Isso acontece, de forma mais ou menos simétrica, no gênero do marco, no qual o poeta ou cantador, ao construir sua trajetória de excepcionalidade e aderir de forma mais decisiva à *imaginação* em seu labor poético (rompendo a ambiguidade entre "realidade" e imaginação, modelos de conduta e ficção, tão típica, nos mais diferentes graus, dos folhetos de cordel), *pode* perder de vista o contexto imediato de reconhecimento da humanidade/ alteridade ("massacrando" seus oponentes e por vezes reforçando estigmas, como os relativos às mulheres), encaminhando o horizonte do confronto para o da perspectiva de eliminação violenta do outro[62] – o que pode se dar, é certo, também através de processos indiretos e complexos, como o da ampliação e fabricação de estereótipos, por exemplo. Em consequência, torna-se possível ver, nesse contexto específico, conforme o caso, *violência* e *criação* como faces de uma mesma

62 KOSELLECK, R. *Futuro passado: contribuição à semântica dos tempos históricos*. Tradução: Wilma Patrícia Maas, Carlos Almeida Pereira; revisão: César Benjamin. Rio de Janeiro: Contraponto/Editora PUC-RIO, 2006.

moeda. Estas se colocariam, em perspectiva de monumentalização, frente às múltiplas hierarquias existentes. Ao mobilizá-las por intermédio do marco ou outras formas, os indivíduos procurariam reforçar as hierarquias (Neco Martins) ou libertar-se das mesmas (Joaquim Sem Fim) – no segundo caso, implodindo-as, ou delas podendo demandar, de forma hiperbólica, dramática ou desesperada, reconhecimento.

Decorre ainda de nossas análises que, com suas referências ao marco em seus folhetos sobre Lampião (1925, 1926) e a publicação, pouco depois, de seu livro *Cantadores e poetas populares* (1929), Francisco das Chagas Batista completou um circuito de subalternização/demonização dos cantadores e poetas negros, o qual se somou a outros circuitos, múltiplos, na mesma direção. Nosso estudo procurou evidenciar a presença, em folhetos e obras de folcloristas, de uma rede de pesos e contrapesos destinada a abafar a memória das vitórias desses cantadores e poetas, rede que envolveu estratégias de construção de legitimidade e diálogos com a memória social, repercutindo e modalizando os ecos das *obras-performance*. Estas tinham, como instância primeira, os desafios e disputas ocorridos não só nos espaços da cantoria e do cordel, mas na própria realidade social. É dentro dessa perspectiva que pensamos ter colaborado para aperfeiçoar um enfoque útil ao refinamento do aparato crítico para a abordagem de folhetos de cordel e obras de folcloristas entre finais do século XIX e meados do século XX, permitindo uma maior aproximação em relação às vozes dos grupos oprimidos e subalternizados.

Os recursos e estratégias específicos utilizados pelos contendores dos desafios e disputas que procuramos estudar – os cantadores e poetas negros, homens e mulheres, bem como seus detratores – foram extremamente desiguais: de um lado, o talento, a voz e, raramente, em certa medida, a escrita; de outro, o talento, a voz, a escrita e todo o aparato de edição e distribuição de folhetos, tangenciando esferas de consagração mais elevadas (circuitos da "cantoria profissional"; livros e academias etc.). A luta foi, portanto, como se vê, bastante desigual. Faz sentido, desse ponto de vista, que cantadores e poetas negros possam ter elevado suas vozes e gestos de escrita (ainda que por vezes de forma velada ou ambígua, por meio de sarcasmo, "arrogância" etc.) a um tom hiperbólico e mesmo agressivo. Cantaram da forma mais forte que puderam.

Outra conclusão deste estudo diz respeito, pois, à especificidade do modo como esses cantadores, cantadoras e poetas expressaram seus protestos em relação aos processos de exclusão, injustiça e preconceito a que foram submetidos na sociedade escravista e no pós-Abolição em algumas regiões do norte do Brasil. Suas apropriações do marco como tópica e gênero – em vozes e ecos de vozes passíveis de serem escutados hoje, mais de um século depois, pela documentação disponível em obras de folcloristas e acervos de cordel – põem em evidência gestos e atitudes monumentais de autovalorização, autoconfiança e respeito. Embora dentro de uma lógica de construção e desmanche, esses gestos e atitudes, emitidos sob a forma de poesia e canto, e cifrados em hipérboles, tiveram o propósito de atravessar as espessas e enormes paredes de pedra a que se referiu Cruz e Sousa, e repercutir na eternidade. Esperamos, com este trabalho, ter contribuído para que voltem a ser, afinal, percebidos e valorizados.

Anexo

Por sua extensão, transcrevemos, aqui, apenas parte do folheto "Historia completa de Lampeão", de Francisco das Chagas Batista – aquela em que Lampeão encontra seu Marco e faz o pacto com o demônio. Segue antes, na íntegra, o "Marco de Lampeão", do mesmo autor.

O marco de Lampeão

No Estado de Pernambuco
Lampeão se abarracou,
Com cento e trinta bandidos
Dos sertões se apoderou
E no Pegehú de Flores,
Praticando mil horrores
O seu marco edificou.

Este marco do bandido
Determina a divisão

Das terras que elle governa
Que occupam todo sertão,
O Estado de Alagoas
Que dispõe de forças boas
Lhe serve de divisão.

Descança a base do marco
Sobre o rio Mochotó;
Abrangendo a sua sombra
De Pesqueira a Cabrobó
P'ra o lado da Parahyba
A sombra vem quasi em riba
De Princeza e Piancó.

Um sargento alagoano
Sendo uma vez encontrado
Nos dominios do bandido
Foi por este fuzilado
Do morto o monstro arrancou
As divisas e as mandou
Ao chefe daquelle Estado.

Deixando os seus dominios
Em Alagoas entrou
E a região do Ipanema
Quasi toda devastou
Fez ali mortes crueis
E mais de mil contos de reis
Nesse Estado elle roubou.

Nas terras de Lampeão
Passava um empregado
Da companhia Standart
Que foi por elle roubado

Em armas roupa e dinheiro
E elle como prisioneiro
Quasi que morre queimado.

Lampeão tinha mandado
Que seus cabras amarrassem
O viajante num auto
E depois o encendiassem
Mas havendo intervenção
O bandido Lampeão
Mandou que o homem soltassem.

O homem pediu em nome
Do padre Cicero Romão
Que lhe poupassem a vida
E o bandido Lampeão
Que obedece temeroso
A esse Padre virtuoso
Ao homem deu o perdão,

Horacio da Sergia que é
Comparsa de Lampeão
Convidou-o p'ra matar
Manoel Giló no sertão;
Giló 'stava preparado
Com dose homens entrincheirado
Dentro em sua habitação.

Lampeão juntou seu grupo
E a Manoel Giló cercou
Este, resistiu trez horas
E a munição esgotou
Os Gilós foram então presos
E os trezes homens indefezos
Lampeão todos sangrou

No Estado da Bahia
Fez elle uma escursão;
Ali matou pouca gente,
Mas roubou uma porção
P'ra Pernambuco voltou,
E em Bom Conselho mandou
Guardar sua munição.

No lugar chamado Tigre
O Anspeçada Liberato
Com uma força de policia
Cercou Lampeão no mato
E feriu-lhe dez seguazes
Que eram dentre os seus rapazes
Os mais ruins e mais baratos.

O Dr. Sergio Loreto
Nomeou agora, então
O major Teophanes Torres
P'ra combater Lampeão
E o bravo commandante
Qual delegado volante
Seguiu p'ra o alto sertão.

Teophanes foi quem prendeu
O brabo Antonio Silvino,
E agora quer prender
O capitão Virgolino.
Que jura que não se rende;
E Teophanes diz que prende
Ou mata aquelle assassino.

Luzardo afirma na camara
Que Lampeão è legalista

Que de Floro Bartolomeu
Elle estivera na lista.
Que tem serviço prestado
E que se fosse perduado
Seria um bom bernardista.[63]

"Historia completa de Lampeão, contendo a lucta no Serrote Preto, o fechamento do corpo de Lampeão por um feiticeiro, o pacto de Lampeão com o diabo e a lucta com um tigre"

[...]
Lampeão com o seu grupo
Para bem longe arribou,
E na serra do Araripe,
Uma fortaleza achou
Toda feita de granito
Em um lugar esquisito
Onde elle se arrancho.

Do pè de serra ao local
Onde se acha a fortaleza,
Media umas cinco legoas,
Tendo do forte a defeza
De serras mui despenhadas,
Ponteagudas e escarpadas,
Onde é bruta a natureza.

Não ha estrada ou caminho
Por onde possa la ir
Uma creatura humana,

63 BATISTA, F. C., *op. cit.*, p. 1-4 (p. 238-241).

Lampeão pode subir
Com o seu grupo completo
Por um caminho secreto
Que conseguio descobrir.

Margeando a Serra ao Norte
Passa um rio caudaloso
Que a braço não se atravessa
Por ser bravo e magestozo
E devido ás cachoeiras
Em embarcações ligeiras
Ninguem vai que é perigozo.

Pelo lado do poente,
Com trinta legoas distante
Alguem poderá subir,
Mas, não consegue ir adiante
Porque mil féras malvadas
Estão ali preparadas
P'ra matar o viajante.

Pelo lado do nascente
O Sertão é descampado
Vai-se atè o pé da serra
Mas fica-se ali parado
Sentindo pavor e mêdo
Só em olhar o rochedo
Ingreme e alcantilado.

Ao sul da fortaleza,
Com magestoza espessura
Estende-se um grande bosque
Tapisado de verdura
Bem perto de um coqueiral

Existe um manancial
D'agua christalina e pura

Quando Lampeão com os seus
Ali, conseguio subir
Encontrou-se com uma tribu
Com quem procurou se unir
Esses indios o guiaram,
E depois o ajudaram
A um subterraneo abrir.

Aos caboclos valentes
Elle ensinou a atirar;
Eles todos lhe obedecem,
Fazem o que elle mandar
Conhecem da guerra os pontos,
P'ra defendel-o estão promptos
Quando elle precizar.

Vive a tribu preparada
P'ra a qualquer hora brigar;
E se um batalhão de policia
Ao pé da serra chegar
Será logo derrotado
Não voltará um soldado
Para a historia contar.

E se do subterraneo
Alguem achar a entrada
Não penetrará porque
A passagem é povoada
Por animaes perigosos
Peçonh[e]ntos, venenozos
De ferêza ilimitada.

Logo na bocca da gruta
Existem muitas serpentes
Tão bravas e venenosas
Que assombram todos viventes
Causando medo e pavor;
E nas furnas do interior
Vivem Onças mui valentes.

Se um exercito conseguir
Esses perigos vencer
Transpondo o subterraneo
[D]eve por certo morrer;
De ali, não voltar ninguem
Porque os caboclos têm
Força para o abater.

Inda que alguem vença os indios
Não se pode aproximar
Da fortaleza onde elles
Estão promptos p'ra luctar
Quem for lá arrasta a mala
E Lampeão recebe á bala
Qualquer um que lá chegar.

Lampeão dentro do forte,
Só tem vinte companheiros,
São vinte feras humanas
Vinte Lobos carniceiros,
Ninguem se compara a elles,
Lampeão na frente delles
É o rei dos cangaceiros.

O primeiro desses cabras
E' Levino seu parente,

Fiscalisa o pessoal,
E é seu lúgar-Tenente
Parece calmo porem,
O diabo dentro têm!
E luctando é uma serpente.

Elle ensinou a seus cabras
A comer de mez em mez,
Beber agua por quinzena
Dormir no anno uma vez
E mesmo sem estar zangado,
Atirar em um soldado
E derrubar dezeseis!...

Lampeão estava um dia
Sozinho na fortaleza
Quando apareceu-lhe um negro
E lhe disse de surpresa:
—Virgolino, se és valente,
Estaes com o diabo de frente,
Procura tua defesa.

Lampeão lhe respondeu:
Minha defesa é meu rifle;
E você saia da frente
Se não quer que eu lhe espatife
Com uma bala no coração,
E depois com meu facão
Do seu corpo faça um bife.

Então respondeu-lhe o negro:
—O Senhor não me respeita?
Fala-me por essa forma;
Sua cama já está feita;

Estás por acaso sonhando;
Ou pensas que estou brincando.
Estarás na nova aceita?

Nem estou na nova seita,
Nem com você estou brincando;
Estou disposto para a luta,
O que posso fazer não mando.
E você dicida logo,
Porque na banca que eu jogo
Muleque não sai ganhando.

Ahi, o negro partiu
E disse vamos a ella
Você hoje vai commigo
Já deixei prompto a panella;
Vou comer-te em panelada,
Do facto faço buxada
E do sangue cabidella.

Lampeão atirou nelle
Mas quando a bala partiu,
Na boca o negro aparou-a
Cuspiu-a fora e sorriu.
E disse: bala p'ra mim
É comida de festim,
Foi quem sempre me nutriu.

Então elle com o punhal
Tentou furar o diabo
Porem a ponta da arma
Envergou até o cabo
Sem que lhe arranhasse o couro,
Satanaz por desaforo,
Deu-lhe uns cascudos com o rabo.

Lampeão hi benzeu-se
E chamou por S. Cypriano,
Dizendo ao santo livre-me
Desse negro deshumano;
Disse o diabo com espanto:
—Não precisa chamar santo.
Porque já mudei de plano.

Acalma-te Lampeão
Que não mais te ofenderei,
Machòca esses quatro dedos
Que teu amigo serei;
Desejo ser um teu socio
Vamos entrar em negocio
Pois eu te protejerei

De assassino como tú
Tenho eu muita precizão,
Porque daquelles que matas
Eu recebo o meu quinhão,
Preciso a ti, me alliar,
Por tanto podes contar
Com a minha proteção.

Lampeão lhe respondeu:
Acceito o offerecimento.
Pode propor seu negocio
Que eu não sou de fingimento
Qualquer negocio eu acceito
O que eu fizer fica feito
E o que eu disser sustento.

Disse o diabo: A proposta
Que eu te venho fazer,

É p'ra me dares um calix
De teu sangue p'ra eu beber
E levar delle um signal
Para o velho maioral
Que tudo pode fazer.

Estou prompto, tire-me o sangue
Respondeu-lhe Lampeão.
E o diabo com a unha
Furou-o perto do vão
Tirou-lhe o sangue e bebeu
Uma parte, outra escondeu
No fundo do matulão.

Disse o diabo a Lampeão
Nosso pacto está formado,
Terás o que desejares
Sem seres encommodado
E se em perigos caires
Não precisa te afligires
Que estarei sempre a teu lado.

Em quanto tiveres vida
Teu corpo defenderei
E no dia em que morreres
A tu'alma levarei
Para o meu reino infernal
Onde impera o maioral.
A quem sempre servirei.

Disse o Diabo: De hoje em diante
Caro amigo Lampeão,
Seguirá os meus conselhos
Com toda exatidão,
Não saberás perdoar,

Porque roubar e matar
Será tua profisção!...

Lampeão disse-lhe as clauzulas
Do contracto eu cumprirei,
Mas, não deixe que me prendam
E espere que matarei
Pelo menos uns quinhentos
E para lá, uns dois centos,
De almas lhe mandarei

O Diabo hi, sorriu
E disse: Bravo amigo,
Não te lembres de ser preso
Porque estarei comtigo.
P'ra defender-te da morte,
Dar-te sempre bôa sorte
E te livrar de perigo.

Vou ensinar-te as minhas regras
Dar-te um conselho maduro;
Regras estas que serão
Tua guia no futuro
Sò a mim terás firmeza
E o condão da riqueza
Tu terás na mão seguro.

Não entrarás na egreja,
Fugirás da confissão
A calunia e a falcidade
Tù terás por divisão
Orações não resarás,
E por santos não chamarás
Nem que tenhas precisão.

Os bens dos ricos pertencem
A quem os poder furtar,
Por tanto é feliz aquelle
Que rouba até enricar,
Serás ladrão e humicida
Pois sò deixarás com vida
O que não poderes matar.

Lampeão disse: collega
Vá embora descansado,
Que o pacto que fisemos
Por mim será executado,
O diabo se retirou,
E a fortaleza ficou
Fedendo a chifre queimado.
[...] [64]

64 BATISTA, *op. cit.*, p. 19-28 (p. 263-271).

Referências bibliográficas

Fontes primárias

Acervos on-line

ACERVO DA BIBLIOTECA AMADEU AMARAL (Centro Nacional de Folclore e Cultura Popular). Disponível em: http://docvirt.com/docreader.net/docreader.aspx?bib=Cordel&pasta=C0148&pesq=. Último acesso em: 15/03/2015.

ACERVO DE LITERATURA DE CORDEL da Casa de Rui Barbosa (RJ). Disponível em: http://www.casaruibarbosa.gov.br/cordel/acervo.html. Último acesso em: 10/02/2018.

PORTAL DE LITERATURA DE CORDEL (IEB-USP/IPHAN). Disponível em: www.portaldocordel.ieb.usp.br. Último acesso em: 30/01/2019.

Manuscritos

ANDRADE, M. de. "Marco/ Fortaleza de Cantador" [Notas de Pesquisa]. Pasta Cantos de Guerra, Códigos: MA-MMA-024-015 a MA-MMA-024-052, Fundo Mário de Andrade, Arquivo IEB-USP.

CARTA de Francisco Bastos a Temístocles Brandão Cavalcanti. Documento manuscrito, Arquivo: Temistocles Brandão Cavalcanti, c.1926.07.25. Correspondência. Acervo CPDOC-FGV (RJ).

Demais fontes primárias

ADÃO, J. "Marco parahybano – Obra para cantar ao som da viola, desafiando qualquer outro Marco até hoje conhecido em todo Brazil". Fascículos 1, 3 e 4. Recife: SL, 1921. MA-LPCORDEL, 029, 030, 031, Fundo Mário de Andrade, Arquivo IEB-USP.

Almeida, A.; Sobrinho, J. A. (orgs.). *Marcos e vantagens.* Campina Grande: UFPB, 1981.

AREDA, F. S. "A embolada da Velha Chica". SL, s.d. Fundo Raymond Cantel, Universidade de Poitiers. Código: FRC1151, "A malassombrada peleja de Francisco Sales com o Negro Visão". Recife: Editor João José da Silva, s. d. Código: FRC3635-0007, Fundo Raymond Cantel, Universidade de Poitiers.

______. "A embolada da Velha Chica". SL, s.d. Código: FRC1151, Fundo Raymond Cantel, Universidade de Poitiers.

ATHAYDE, J. M. de (?). "MARTELO de José Duda com Joaquim Francisco em Itabaiana". Recife: João Martins Athayde, s.d. Código: AA5016, Biblioteca de Obras Raras Átila Almeida, Universidade Estadual da Paraíba.

______. "O marco do meio mundo". Recife: SL, 1930 [1916-1917?]. Código: AA4975, Biblioteca de Obras Raras Átila Almeida, UEPB.

______. "O marco do meio mundo" [1916-1917?]. In: Almeida, A.; Sobrinho, J. A. (orgs.). *Marcos e vantagens.* Campina Grande: UFPB, 1981, p. 53-64.

[ATHAYDE, J. M. de (?)]. "Peleja de Ventania com Pedra Azul". Juazeiro do Norte: SL, s.d., p. 4. LPCORDEL-RBLT-347, Arquivo IEB-USP.

BARROS, L. G. de. "As proezas de Antonio Silvino/ Os calculos de Antonio Silvino". Recife: Becco de Souza, s.d. Disponível em: http://docvirt.com/docreader.net/DocReader.aspx?bib=RuiCordel&PagFis=836&Pesq=LC7041. Acesso em: 11/02/2019.

______. "Como Antonio Silvino fez o diabo chocar". BARROS, L. G. de. "Como Antonio Silvino fez o diabo chocar". In: *Literatura popular em verso.. Antologia*. Rio de Janeiro: Casa de Rui Barbosa / Ministério da Educação e Cultura; João Pessoa: Universidade Federal da Paraíba, Tomo III, v. 2, 1977, p. 228-241.

______. "O boi mysterioso". Recife: SL, s.d. MA-LPCORDEL, 055, Fundo Mário de Andrade, Arquivo IEB-USP.

______. "O marco brasileiro" [1917?]. In: Almeida, A.; Sobrinho, J. A. (orgs.). *Marcos e vantagens*. Campina Grande: UFPB, 1981, p. 72-77.

______. "O marco brasileiro e as aventuras de um bandoleiro". SL: SN, sd, p. 1-8. Código: FRC3521, Fundo Raymond Cantel, Universidade de Poitiers.

. "Peleja de Antonio Baptista e Manoel Cabeceira". In: BARROS, L. G. de. *Bento, o milagroso de Beberibe.* S.l.: s.n., 19--, p. 6-11. Código: C4372, Acervo da Casa de Rui Barbosa. Disponível em: http://docvirt.com/docreader.net/DocReader.aspx?bib=cordel&pagfis=40554. Acesso em: 10/06/2018.

. "Romano e Inácio da Catingueira". Apud Lessa, O. I*nácio da Catingueira e Luís Gama: dois poetas negros contra o racismo dos mestiços*. Rio de Janeiro: FCRB, 1982, p. 39-46.

Barroso, G. Ao som da viola: folk-lore. Ri de Janeiro: Livraria Editora Leite Ribeiro, 1921.

BATISTA, F. das C. ______"A morte de Cocada e a prisão de suas orelhas". In:______. *Literatura popular em verso... Antologia*. Rio de Janeiro: Casa de Rui Barbosa / Ministério da Educação e Cultura, Tomo IV, 1977, p. 118-123.

______. (?) "Antonio Silvino de Luto". s.l; s.d. Caixa 11, Código: MA-LPCORDEL-004, Fundo Mário de Andrade, Arquivo IEB-USP.

______. "A política de Antonio Silvino". In:______ *Literatura popular em verso... Antologia*. Rio de Janeiro: Casa de Rui Barbosa / Ministério da Educação e Cultura, Tomo IV, 1977, p. 124-134.

______. *Cantadores e poetas populares*. 2ª ed. João Pessoa: Editora Universitária UFPB/ Conselho Estadual de Cultura, 1997 [1ª ed., 1929].

______. *Cantadores e poetas populares*. 1ª ed. Paraíba: Editora Batista Irmãos, 1929.

______. "Conselhos do Padre Cicero a Lampião". In:______. *Literatura popular em verso... Antologia*. Rio de Janeiro: Casa de Rui Barbosa / Ministério da Educação e Cultura, Tomo IV, 1977, p. 221-228.

______. "Historia completa de Lampeão, contendo a lucta no Serrote Preto, o fechamento do corpo de Lampeão por um feiticeiro, o pacto de Lampeão com o Diabo e a luta com uma tigre". In: ______. *Literatura popular em verso... Antologia*. Rio de Janeiro: Casa de Rui Barbosa / Ministério da Educação e Cultura, Tomo IV, 1977, p. 242-275.

______. *Literatura popular em verso... Antologia*. Rio de Janeiro: Casa de Rui Barbosa / Ministério da Educação e Cultura, Tomo IV, 1977.

______. "Martello de Romano com Ignacio". In:______ *Cantadores e poetas populares*. 1ª ed. Paraíba: Editora Batista Irmãos, 1929, p. 58-66.

______. "O marco de Lampeão". In:______. *Literatura popular em verso.. Antologia*. Rio de Janeiro: Casa de Rui Barbosa / Ministério da Educação e Cultura, Tomo IV, 1977, p. 238-241.

BÍBLIA SAGRADA. Edição ecumênica. Trad. do Padre Antônio Pereira de Figueiredo. SL: Barsa, 1972.

BLUTEAU, Padre D. Rafael. *Vocabulario portuguez e latino*. Coimbra: Collegio das Artes da Companhia de Jesu, 1716, v. 5.

CARVALHO, R. de. *Cancioneiro do norte*. Fortaleza: Militão Bivar & C., 1903.

______. *Cancioneiro do norte*. 3ª ed. Rio de Janeiro: Instituto Nacional do Livro, 1967.

CASCUDO, L. da C. *Vaqueiros e cantadores*. 2ª ed. Belo Horizonte/ Itatiaia / São Paulo: Edusp, 1984.

CASTELO PERIGOSO. Edição crítica de Elsa Maria Branco da Silva. Lisboa: Edições Colibri, 2001.

CRUZ, A. da. "Uma surra que Antonio da Cruz levou do negro Joaquim Francisco em 1908 na cidade de Itabayana". Guarabira, 1950. Código: AA6201, Biblioteca de Obras Raras Átila Almeida, Universidade Estadual da Paraíba.

CRUZ E SOUSA, João da. "Emparedado". In: ANDRADE MURICY (org.). *Obra completa*. Rio de Janeiro: Nova Aguilar, 2000, p. 658-673.

D'ALMEIDA FILHO, M. "Os cabras de Lampião". São Paulo: Luzeiro, 1966. LPCORDEL-RBLT-432, Arquivo IEB-USP.

HORÁCIO (Quinto Horácio Flaco), Ode III, 30. Trad. Haroldo de Campos. In: MARTINS, P. (org.). *Antologia de poetas gregos e latinos (monódica e coral, jâmbica, polímetra e elegíaca)*. 3ª. ed. São Paulo: Departamento de Letras Clássicas e Vernáculas da Faculdade de Filosofia, Letras e Ciências Humanas da Universidade de São Paulo, 2010.

JESUS, S.T. [D'ÁVILA, S.T.]. *Castelo interior ou moradas*. São Paulo: Paulus, 2006.

LEITE, J. C. "O embolador de coco e o diabo", SL, s.d. Código: FRC2819, Fundo Raymond Cantel, Universidade de Poitiers.

LIMA, J. F. de. "O marco pernambucano" [1939]. In: Almeida, A.; Sobrinho, J. A. (orgs.). *Marcos e vantagens*. Campina Grande: UFPB, 1981, p. 218-232.

LIMÃO, M. "O marco do Seridó (versão original, incompleta)" [1927]. In: Almeida, A.; Sobrinho, J. A. (orgs.). *Marcos e vantagens*. Campina Grande: UFPB, 1981, p. 196-204.

MILANÊS, S. "O forte pernambucano" [1945-1947]. In: Almeida, A.; Sobrinho, J. A. (orgs.). *Marcos e vantagens*. Campina Grande: UFPB, 1981, p. 234-240.

MOTA, L. *Cantadores*. 4ª. ed. Rio de Janeiro: Livraria Editora Cátedra/INL, 1976.

______. *Violeiros do Norte: poesia e linguagem do sertão nordestino*. São Paulo: Monteiro Lobato, 1925.

PACHECO, J. "A chegada de Lampião no inferno". Juazeiro do Norte: Tipografia São Francisco, 1975. LPCORDEL-MTLAC-214, Arquivo IEB-USP.

PARAÍSO, M.V. do "O castelo da cidade Flor Mimosa" [1907]. In: Almeida, A.; Sobrinho, J. A. (orgs.). *Marcos e vantagens*. Campina Grande: UFPB, 1981, p. 20-33.

"PELEJA de Joaquim Francisco com o Demônio". Popular Editora, s.d. Código: AA6321, Biblioteca de Obras Raras Átila Almeida, Universidade Estadual da Paraíba.

"PELEJA de Joaquim Francisco e José Claudino". Código: MA-DLP-P17-13, Fundo Villa-Lobos (Fundo Mário de Andrade), Arquivo IEB-USP.

"PELEJA de Romano e Inácio da Catingueira" (suplemento Guajarina). Apud Lessa, O. *Inácio da Catingueira e Luís Gama: dois poetas negros contra o racismo dos mestiços*. Rio de Janeiro: FCRB, 1982, p. 55-68.

PERIGO, S. ["Marco"]. Apud MOTA, L. Violeiros do norte. 3ª ed. Fortaleza: Imprensa Universitária do Ceará, 1962./São Paulo: Monteiro Lobato, 1925, p. 82-83.

PLATÃO, "Crítias". In: PLATÃO, Timeu-Crítias. *Tradução do grego, introdução e notas: Rodolfo Lopes.* Coimbra: Centro de Estudos Clássicos e Humanísticos, 2011.

REZENDE, J. C. de M. "O forte de Guarabira ou o castello universal" [1924-1926]. In: Almeida, A.; Sobrinho, J. A. (orgs.). *Marcos e vantagens*. Campina Grande: UFPB, 1981, p. 182-194.

ROMERO, S. *Folclore brasileiro 1: cantos populares do Brasil*. Ed. anotada por Luís da Câmara Cascudo e ilustrada por Santa Rosa. Rio de Janeiro: José Olympio, 1954, Tomo I.

SANTANA, J. F. "A defeza da lagoa". In: Almeida, A.; Sobrinho, J. A. (orgs.). *Marcos e vantagens*. Campina Grande: UFPB, 1981, p. 41-45.

______. "A defeza da lagoa". In: BATISTA, F. das C. *Cantadores e poetas populares*. 1ª ed. Paraíba: Editora Batista Irmãos, 1929, p. 143-149.

______. "A fortaleza que levantei dentro de uma lagoa". In: Almeida, A.; Sobrinho, J. A. (orgs.). *Marcos e vantagens*. Campina Grande: UFPB, 1981, p. 35-40.

______. [SILVA, José Bernardo da (?)]. 1953. "A fortaleza que levantei dentro de uma lagoa". In: SILVA, José Bernardo da. *Conselhos aos noivos*. Juazeiro do Norte: Tipografia São Francisco, 1953, p. 9-16. Código: [150180] CO148, Fundação Casa de Rui Barbosa, Rio de Janeiro. Disponível em:

http://www.casaruibarbosa.gov.br/cordel/acervo.html. Último acesso em: 09/02/2017.

SILVA, A. A. "'Rio Nilo' e a embolada da Nega Fulô". SL, s.d. Código: FRC4259, Fundo Raymond Cantel, Universidade de Poitiers.

TERRA, R. B. L. (org.). *A literatura de folhetos nos Fundos Villa-Lobos. [Antologia]* 2ª ed. São Paulo: Instituto de Estudos Brasileiros – USP, 1981.

Fontes secundárias

ABREU, M. *Histórias de cordéis e folhetos.* Campinas: Mercado de Letras / ALB, 2006, 152 p.

______. *O império do divino. Festas religiosas e cultura popular no Rio de Janeiro, 1830-1900.* Rio de Janeiro: Nova Fronteira/São Paulo: FAPESP, 1999

ALBUQUERQUE JÚNIOR, D. M. de. *A feira dos mitos: a fabricação do folclore e da cultura popular (Nordeste 1920-1950).* São Paulo: Intermeios, 2013.

______. *A invenção do Nordeste e outras artes.* Recife: FJN, Ed. Massangana; São Paulo: Cortez, 1999, 340 p.

ALMEIDA, Á. A. F.; Alves Sobrinho, J. *Dicionário bio-bibliográfico de repentistas e poetas de bancada.* João Pessoa: Editora Universitária, Campina Grande, Centro de Ciências e Tecnologias, 1978, v. 1.

ALONSO, A. *Flores, votos e balas.* São Paulo: Cia das Letras, 2015.

ALVES SANTOS, L. A. "Inácio da Catingueira: a construção de um personagem negro na historiografia da literatura de cordel brasileira". In: *Cadernos Imbondeiro,* João Pessoa, n. 1, v. 1, 2010, p. 1-8.

______. Marco: uma metodologia de análise. Boitatá, Londrina, no 11, jan.-jul. 2011, p. 1-15.

. *Marco: uma tradição que se refaz.* Boitatá, Londrina, no 10, jul.-dez. 2010, p. 34-53.

ALKMIN, T. "'A fala como marca': escravos nos anúncios de Gilberto Freire". *Scripta,* Belo Horizonte, n. 18, v. 9, 1° sem. 2006, p. 221-229.

AMARAL, E. L. G. *Intelectuais e política no Instituto do Ceará (1887-1920).* Dissertação (Mestrado em História) – Pontifícia Universidade Católica de São Paulo, São Paulo, 2002.

ANDRADE, M. de. (sob o pseudônimo de Leocadio Pereira). "Romanceiro de Lampião". In: *Revista Nova,* São Paulo, 8, 1932.

______. "Estudos sobre o negro". Mário scriptor, São Paulo, 2, 2011. Disponível em: http://www.ieb.usp.br/marioscriptor_2/criacao/estudos-sobre-o-negro.html. Último acesso em: 14/09/2014.

ANDRADE, M. C. de. *A terra e o homem no nordeste.* São Paulo: Brasiliense, 1963.

ANTONACCI, M.A. *Memórias ancoradas em corpos negros.* São Paulo: Educ, 2013.

ARAUJO, H.V. de. "O tema da 'idade do ouro' em Grande Sertão: veredas". In: *Revista do Instituto de Estudos Brasileiros,* São Paulo, no 44, fev. 2007, p. 173-208.

AYALA, M. I; AYALA, M. (orgs.). *Cocos: alegria e devoção.* Natal: Editora da UFRN, 2000.

BANDEIRA, M. *Noções de história das literaturas.* São Paulo: Nacional, 1940. Coleção Mário de Andrade, Biblioteca-IEB-USP.

BASTIDE, R. *A poesia afro-brasileira.* São Paulo: Martins, 1943.

BATISTA, O. E Linhares, F. "Gêneros da poesia popular". In: *Antologia* ilustrada dos cantadores. 2ª ed. S.l.: UFC, (s.d.) [1976]. Disponível em: http://www.jornaldepoesia.jor.br/*Antologia*.html. Acesso em: 19 fev. 2015.

BATISTA, S. N. "Francisco das Chagas Batista – notícia bibliográfica". In: BATISTA, F. das C. *Literatura popular em verso.. Antologia.* Rio de Janeiro: Casa de Rui Barbosa / Ministério da Educação e Cultura, Tomo IV, 1977, p. 1-33.

______. *Poética popular do nordeste.* Rio de Janeiro: FCRB, 1982.

"BATISTA LUZARDO". [Dicionário Histórico Biográfico Brasileiro pós 1930. 2ª ed. Rio de Janeiro: Ed. FGV, 2001]. Disponível em: http://cpdoc.fgv.br/producao/dossies/AEraVargas2/biografias/batista_luzardo. Último acesso em: 10/02/2013.

BEATTIE, P. *Punishment in paradise: race, slavery, human rights, and a nineteenth-century Brazilian penal colony.* Durham/Londres: Duke University Press, 2015, 352 p.

BRUSANTIN, B. M. *Capitães e Mateus: relações sociais e culturas festivas e de luta dos trabalhadores dos engenhos da mata norte de Pernambuco (Comarca de Nazareth -1870- 1888).* Campinas (SP): Tese (Doutorado em História Social) – CECULT/IFCH- UNICAMP, 2011.

CANDIDO, A. "Dialética da Malandragem (caracterização das Memórias de um sargento de milícias)". In: *Revista do Instituto de Estudos Brasileiros,* n. 8, São Paulo, USP, 1970, p. 67-89.

CAETANO, M. do R. (org.). *Cangaço: o nordestern no cinema brasileiro.* Brasília: Avatar, 2005.

CARBONI, F.; MAESTRI, M. A *linguagem escravizada. Língua, história, poder e luta de classes.* 3ª ed. São Paulo: Expressão Popular, 2012

CUNHA, M. C. Cultura com aspas e outros ensaios. São Paulo: CosacNaify, 2010.

CAMARGO, O. de. O negro escrito. *Apontamentos sobre a presença do negro na literatura brasileira.* São Paulo: Secretaria de Estado da Cultura, 1987.

CARVALHO, M. J. "O quilombo de Malunguinho, rei das matas de Pernambuco". In: REIS, J. J; GOMES, F. dos S. (orgs.). *Liberdade por um fio: história dos quilombos no Brasil*. São Paulo: Companhia das Letras, 1996, p. 407-432.

CARVALHO, M. J.; Cunha, M. M.; Simon, M. S. "Liberdade Partida em ¼: alforria e pecúlio em Pernambuco sob a lei do Ventre-Livre". *Documentação e memória,* Recife, RJPE, n. 4, v. 2, jun./dez. 2011, p. 11-28.

CAVIGNAC, J. *A literatura de cordel no nordeste do Brasil: da história escrita ao relato oral.* Natal: Ed. da UFRN, 2006, 363 p.

CURRAN, M. *História do Brasil em cordel.* 2ª ed. São Paulo: Editora da Universidade de São Paulo, 2003, 288 p.

CHANDLER, B. J. *Lampião: o rei dos cangaceiros.* Trad. Sarita Linhares Barsted. Rio de Janeiro: Paz e Terra, 1981.

CHARTIER, R. *Cultura popular: revisitando um conceito historiográfico*. Estudos Históricos, Rio de Janeiro, no 16, v. 8, 1995, p. 179-192.

CLEMENTE, M. E. de A. *Lampiões acesos: a Associação Folclórica e Comunitária dos 'Cangaceiros de Paulo Afonso' – BA e os processos de constituição da memória coletiva do cangaço (1956-1988)*. Dissertação (Mestrado em História) – IFCH/UNICAMP, Campinas, *2003*.

DANTAS, M. D. *Fronteiras movediças: a comarca de Itapicuru e a Formação do Arraial de Canudos (relações sociais na Bahia do século XIX)*. São Paulo: Hucitec/Fapesp, 2007.

DAIBERT, R. "A religião dos bantos: novas leituras sobre o calundu no Brasil colonial". *Estudos históricos,* Rio de Janeiro, no 55, v. 28, jan.-jun. 2015, p. 7-25.

DAUS, R. *O ciclo épico dos cangaceiros na poesia popular do Nordeste*. Rio de Janeiro: Fundação Casa de Rui Barbosa, 1982.

DELLA CAVA, R. *Milagre em Joaseiro*. São Paulo: Editora Paz e Terra, 1977.

DIÉGUES JR., M. *Literatura popular em verso.: estudos*. Belo Horizonte Editora Itatiaia, 1986.

FERREIRA, J. P. *Armadilhas da memória e outros ensaios.* São Paulo: Ateliê, 2004.

______. *Cavalaria em cordel*. São Paulo: Hucitec, 1979.

FRAGA, W. *Encruzilhadas da liberdade. Histórias de escravos e libertos na Bahia (1870-1910)*. 2ª ed. Rio de Janeiro: Civilização Brasileira, 2014.

FRANCO, M. S. de C. Homens livres na ordem escravocrata. São Paulo: Ática, 1976.

FREYRE, G. *O escravo nos anúncios de jornais brasileiros do século XIX*. 2ª ed. aumentada. São Paulo: Nacional/ Recife: Instituto Joaquim Nabuco de Pesquisas Sociais, 1979.

FU-KIAU, K. K. B. *African cosmology of the Bântu-Kôngo: tying the spiritual knot. Principles of life & living.* New York: Athelia Henrietta Press, 2001.

GALVÃO, A. M. de O. "Leituras de cordel em meados do século XX: oralidade, memória e a mediação do outro". In: ABREU, Márcia; SCHA-

POCHNIK, Nelson (orgs.). Cultura letrada no Brasil: objetos e práticas. Campinas: Mercado de Letras; São Paulo: Fapesp, 2005, p. 369-397.

GERASSI-NAVARRO, N. "Joaquín Murieta: ícono de una modernidad disputada". In: *Cuadernos de literatura,* [S.l.], no 25, v. 13, 2008, p. 119-133. ISSN 2346-1691. Disponível em: <http://revistas.javeriana.edu.co/index.php/cualit/article/view/6377>. Acesso em: 13/08/2012

GOMES, F. dos S.; Reis, J. J. (orgs.). *Liberdade por um fio – história dos quilombos no Brasil.* São Paulo: Companhia das Letras, 1996.

GOMES, G. *"Insultos", "Elogios" e "Resistências": participação de repentistas negros em cantorias do Nordeste (1870-1930).* Dissertação (Mestrado em História) – Programa de Pós-Graduação em História do Centro de Ciências Humanas, Letras e Artes da UFPB, João Pessoa, 2012.

GRUNSPAN-JASMIN, É. *Lampião, vies et morts d'un bandit brésilien.* Paris: PUF, 2001. (trad. brasileira: *Lampião, senhor do sertão: vidas e mortes de um cangaceiro.* trad. M. C. F. F. Marcondes; A. de P. Danesi. São Paulo: Edusp, 2006).

GUILLEN, I. *Errantes da selva: histórias da migração nordestina para a Amazonia.* Recife: Ed. Universitária da UFPE, 2006.

HALL, S. "Notes on deconstructing the 'popular'". In: SAMUEL, R. (org.). *People's history and socialist theory.* Londres: Routledge & Kegal Paul, 1981, p. 227-40.

HAMPATÉ BÂ, A. "A tradição viva". In: KI-ZERBO, J. (org.). *História geral da África I. Metodologia e pré-história da África.* 2ª. ed. rev. Brasília: UNESCO, 2010, p. 167-214.

ISENBERG, P. *Modernização sem mudança – A indústria açucareira em Pernambuco (1840-1910).* Rio de Janeiro: Editora Paz e Terra / Campinas, Unicamp, 1977.

IUMATTI, P. T. "Herança escravista e forma poética no Brasil: as apropriações do gênero do Marco por um cantador afrodescendente, Joaquim Francisco Santana (1877-1917)". *Luso-Brazilian* Review, no 1, v. 54, jun. 2017, p. 28-54.

______"Monumentalização da memória, afirmação hiperbólica do eu poético e herança escravista na construção dos espaços da cantoria". Escritural – écritures d'Amérique Latine. v. 10, 2017. Disponível em: http://www.mshs.univ-poitiers.fr/crla/contenidos/ESCRITURAL/ESCRITURAL10/ESCRITURAL_10_SITIO/PAGES/08_Iumatti.html. Acesso em: 09/02/2019.

______. "Violência e criação: considerações sobre o Marco e o cangaço na literatura de folhetos brasileira entre finais do século XIX e as primeiras décadas do século XX". In: LOBATO, M. L.; BÈGUE, A. *Literatura y música del hampa el los Siglos de Oro.* Madrid:Visor Libros, 2014, p. 219-251.

______. "Vozes negras na cantoria: o caso de Severino Perigo". *Literatura e sociedade* (USP), n. 19, 2014, p. 100-116.

JAMES, C.; Marcus, G. (orgs.). *Writing culture: The poetics and politics of ethnography.* Berkeley/ Los Angeles/ Londres: University of California Press, 1986.

JESUS, Carolina Maria. *Quarto de despejo: diário de uma favelada.* São Paulo, Ática, 1993.

KOSELLECK, R. *Futuro passado: contribuição à semântica dos tempos históricos.* Rio de Janeiro: Contraponto/Editora PUC-RIO, 2006

LESSA, O. *Inácio da Catingueira e Luís Gama – dois poetas negros contra o racismo dos mestiços.* Rio de Janeiro: Fundação Casa de Rui Barbosa, 1982.

LEWIN, L. "The oligarchical limitations of social banditry in Brazil". *Past and Present*, 82, fev. 1979, p. 231-262.

______. "Um conto de dois textos: oralidade, história oral e insulto poético em 'O desafio de Romano e Inácio em Patos' (1874)". In: MARQUES, A. C. D. R. *Conflitos, política e relações pessoais.* Fortaleza/Campinas: Universidade Federal do Ceará/Funcap/CNPq-Pronex / Pontes Editores, 2007. v. 1.; p. 81-107.

LIMA, I. S. "Escravos bem falantes e nacionalização linguística no Brasil". In: *Estudos históricos.* Rio de Janeiro, no 50, v. 25, jul./dez. 2012.

LOBO, T.; Oliveira, K. (org.). *África à vista: dez estudos sobre o português escrito por africanos no Brasil do século XIX.* Salvador: Edufba, 2009.

LOPES, N. *Enciclopédia brasileira da diáspora africana.* 4a ed. São Paulo: Selo Negro, 2011 (recurso digital).

MATOS, C. N. de. *A poesia popular na República das Letras: Sílvio Romero folclorista.* Rio de Janeiro: Editora da UFRJ, 1994.

MARROQUIM, M. *A língua do nordeste – Alagoas e Pernambuco.* 4a ed. Maceió: EDUFAL, 2008.

MARTINS, N. *Cordel – Neco Martins.* São Paulo: Hedra, 2010.

MAYA, I. *O povo de papel: a sátira política na literatura de cordel.* Rio de Janeiro: Garamond/ FAPERJ, 2012.

MEDEIROS, I. Chica Barrosa: a rainha negra do repente. João Pessoa: Ideia, 2009.

MELO, R. A. de. *Arcanos do verso: trajetórias da literatura de cordel.* Rio de Janeiro: 7 Letras, 2010.

MELLO, F. P. de. *Guerreiros do sol, violência e banditismo no Nordeste do Brasil.* Recife: Fundação Joaquim Nabuco/Massangana, 1985.

MENDES, S. de P. dos S. (org.). *Cordel nas gerais: oralidade, mídia e produção de sentido.* Fortaleza: Expressão Gráfica, 2010.

MENESES, E. D. B. de. "Das classificações temáticas da literatura de cordel: uma querela inútil". *Jornal de poesia,* 1994. Disponível em: http://www.revista.agulha.nom.br/ediatahy01c.html. Acesso em: 12 de julho de 2010.

MORAES, A. P. C. P. de. *Em busca da liberdade: os escravos no sertão do Rio Piranhas, 1700-1750.* Dissertação (Mestrado em História) Universidade Federal de Campina Grande. Campina Grande (PB), Universidade Federal de Campina Grande, 2009. Disponível em: http://livros01.livrosgratis.com.br/cp136231.pdf. Último acesso em: 30/01/2019.

MOTA, L. *Cabeças-chatas.* Brasília: SCP, 1993.

________. *Cantadores.* 4ª ed. Rio de Janeiro: Livraria Editora Cátedra/INL, 1976.

MOURA, C. *O preconceito de cor na literatura de cordel.* São Paulo: Resenha Universitária, 1976.

NEMER, S. R. B. *Glauber Rocha e a literatura de cordel uma relação intertextual.* Rio de Janeiro: Edições Casa de Rui Barbosa, 2007, v. 1.

______. (org.). *Recortes contemporâneos sobre o cordel*. Rio de Janeiro: Edições Casa de Rui Barbosa, 2008.

NÓBREGA, A. *O marco do meio-dia*. São Paulo: Tratore, 2000 (CD).

OLIVEIRA, A. L. de. *O Instituto Histórico, Geográfico e Antropológico do Ceará. Memória, representações e pensamento social, 1887-1914*. Tese (Doutorado em História) – Pontifícia Universidade Católica de São Paulo, São Paulo, 2001

OLIVEIRA, E. L. de S. "Múltiplas faces dos conflitos de terra: escravos, lavradores de roça e senhores no final da escravidão na Mata Norte de Pernambuco". In: SIMPÓSIO NACIONAL DE HISTÓRIA, 25, 2009, Fortaleza. Anais do XXV Simpósio Nacional de História – História e Ética. Fortaleza: ANPUH, 2009. CD-ROM.

OLIVEIRA, E. R. de S. de. *O diabo ridicularizado na literatura de folhetos do Nordeste*. Dissertação (Mestrado em Literatura) – UFSC, Florianópolis, 2013, 97 p. Disponível em: http://www.uniedu.sed.sc.gov.br/wp-content/uploads/2014/12/Dissertação-Estela-Ramos-de-Souza.pdf. Acesso em: 13/12/2014.

OLIVEIRA, K. *Negros e escrita no Brasil do século XIX: sócio-história, edição filológica de documentos e estudos linguísticos.* Tese (Doutorado em Letras) – Universidade Federal da Bahia, Salvador, 2006, 1198f.; 2v.

OTSUKA, E. T. "Espírito rixoso: para uma reinterpretação das Memórias de um sargento de milícias". In: *Revista do Instituto de Estudos Brasileiros*, São Paulo, n. 44, fev. 2007, p. 105-124. Disponível em: <http://www.revistas.usp.br/rieb/article/view/34564>. Acesso em: 20/03/2015.

PELOSO, S. *O canto e a memória: história e utopia no imaginário popular brasileiro*. Trad. Sonia Netto Salomão. São Paulo: Ática, 1996.

PEREIRA DOS SANTOS, F. "Cantoras e repentistas do século XIX: a construção de um território feminino". In: *Estudos de literatura brasileira contemporânea,* Brasília, v. 35, jan.-jun. 2010, p. 222-235.

PERICÁS, L. B. *Os cangaceiros: ensaio de interpretação histórica*. São Paulo: Boitempo Editorial, 2010.

PIMENTEL, A. de A. "Francisco das Chagas Batista e a tradição poética de Teixeira". In: ________(org.). *Francisco das Chagas Batista.* São Paulo: Hedra, 2007 (Biblioteca de cordel), p. 9-49.

PRADO Jr, C. *Formação do Brasil contemporâneo.* São Paulo: Martins, 1942/ Brasiliense, 1989.

QUEIROZ, M. I. P. *Os cangaceiros.* São Paulo: Duas Cidades, 1977.

RAMOS, E. *Du marché au marchand. La gravure populaire brésilienne.* Gravelines: Musée du dessin et de l'estampe originale, 2005.

RAMOS, F. R. L. *O verbo encantado. A construção do Pde. Cícero no imaginário dos devotos.* Ijuí: Editora da Unijuí, 1998.

REIS, J. J.; Silva, E. *Negociação e conflito: a resistência negra no Brasil oitocentista.* São Paulo: Companhia das Letras, 1989.

RIAUDEL, M. "Literatura de cordel e valorização digital: o direito de propriedade em questão". In: Revista do IEB, São Paulo, 2019, no prelo.

RIGHI, V. J. *O poeta emparedado: tragédia social em Cruz e Sousa.* Dissertação (Mestrado em Literatura Brasileira) – Depto. de Teoria Literária e Literaturas da UnB, Brasília, 2006.

SODRÉ, M. *Mestre bimba: corpo de mandinga.* Rio de Janeiro: Manati, 2002.

SANTOS, I. R. M. F.; DUVIGNAUD, J.; ORECCHIONI, J. *La littérature de cordel brésilienne: mémoire des voix, grenier d histoires.* Paris: L Harmattan, 1997, v. 1

______. *Em demanda da poética popular: Ariano Suassuna e o Movimento Armorial.* 2ª ed. Campinas: Editora da Unicamp, 2009, 384 p.

SANTOS, M. "A dansa de São Gonçalo". In: Revista do Arquivo Municipal de São Paulo, São Paulo, v. XXXIII, Ano III, março/1937, p. 87-116.

SANTOS, O. de J.; VIANNA, M. *O negro na literatura de cordel.* Rio de Janeiro: FCRB, 1989, 166 p.

SAUTCHUK, João Miguel. *A poética do improviso: prática e habilidade no repente nordestino.* Brasília: Editora da Universidade de Brasília, 2012.

SUASSUNA, A. *Romance da Pedra do Reino.* 2ª ed. Rio de Janeiro: José Olympio, 1972.

TERRA, R. *Memória de lutas: literatura de folhetos do Nordeste.* São Paulo: Global, 1983.

TRAVASSOS, E. "Ethics in sung duels of north-eastern Brazil: collective memory and contemporary practice". In: British journal of ethnomusicology, v. 9 (1), 2000, p. 61-94.

______. "Palavras que consomem: contribuição à análise dos cocos-de-embolada". In: Revista do Instituto de Estudos Brasileiros, São Paulo, no 50, set./mar 2010, p. 13-40.

VILHENA, L. R. *Projeto e missão. O movimento folclórico brasileiro, 1947-1964.* Rio de Janeiro: FGV/Funarte, 1997.

WISSENBACH, M. C. C. "Cartas, procurações, escapulários e patuás: os múltiplos significados da escrita entre escravos e forros na sociedade oitocentista brasileira". In: Revista brasileira de história da educação, n. 4, jul./dez. 2012, p. 103-122.

WISNIK, J. M. *Sem receita: ensaios e canções.* São Paulo: Publifolha, 2004.

ZUMTHOR, P. "A poesia e o corpo". In:______. *Escritura e nomadismo.* São Paulo: Ateliê, 2005, p. 139-149.

______. *Introdução à poesia oral.* Trad. Ferreira, J. P.; Pochat, M. L. D.; Almeida, M. I. de. 1° Edição. Belo Horizonte: Editora UFMG, 2010.

Agradecimentos

Este livro surgiu do espanto. Foi Álvaro Faleiros quem primeiro me chamou a atenção para o inusitado gênero do marco, em meados de 2006, 2007. Eu estava apenas começando a estudar a literatura de cordel e Faleiros, ajudando-me a montar um curso de graduação sobre o assunto, comentou o quanto o gênero era uma "piração". Com suas imagens desconcertantes e seu potencial metafórico, o marco atraiu de imediato a minha atenção, e ficou, desde então, em um de meus horizontes principais de pesquisa e reflexão.

Um segundo momento importante para a realização deste estudo foi minha estadia na Universidade de Poitiers, entre 2011 e 2013. Na biblioteca de Raymond Cantel, pude pela primeira vez me debruçar com mais vagar sobre a coletânea de Almeida e Sobrinho, denominada Marcos e vantagens. Lá comecei a falar sobre o marco com meus colegas, Michel Riaudel e Sandra Teixeira, que compartilharam comigo o interesse pelo intrigante gênero. Com Michel Riaudel tive, particularmente, um diálogo muito próximo desde então, com ele colaborando várias vezes, como no caso da exposição "Cordel, entre inferno e utopia".

Foi também em Poitiers, e a propósito de uma xícara de sal, que recebi um generosíssimo convite da profa. María Luisa Lobato, da Universidade de Burgos, para participar de um simpósio internacional sobre a jácara – gênero espanhol seiscentista, extremamente erudito, mas em alguma medida, semelhante aos folhetos nordestinos sobre o cangaço.

Lobato, que havia passado parte de sua infância no Brasil, sabia dessa vaga semelhança, e me chamou para falar sobre o assunto no evento. Foi desse convite que surgiu a ideia de comparar o gênero do marco com os folhetos sobre o cangaço – o que me levou, na biblioteca de Poitiers, às surpresas que estão na base deste livro.

De volta ao Brasil, propus um projeto de pesquisa junto ao CNPq, no qual, além da construção de uma base de dados sobre literatura de cordel, eu objetivava estudar a presença negra no gênero do marco a partir de repertórios de acervos digitalizados. Depois da aprovação do projeto (CNPq 458952/2014-1), meti as mãos à obra. Álvaro Faleiros e Roberto Zular me convidaram para publicar um artigo em um dossiê sobre a voz da revista Literatura e sociedade. Escrevi então o essencial de meu trabalho sobre Severino Perigo. Ainda em 2014 (2014), Michel Riaudel e Sandra Teixeira me convidaram para falar na abertura do seminário "Viva Cantel!", em que apresentei e discuti os resultados parciais de minhas pesquisas. Escrevi, a partir desse convite, outras páginas deste estudo. Etc.

Nos últimos anos, falei continuamente sobre minhas investigações em torno do gênero do marco. Agradeço, assim, a todas e todos os colegas e alunos com quem debati ou que me deram a oportunidade de debater, em vários eventos, cursos, publicações ou mesmo conversas informais, as ideias que desenvolvo neste trabalho (bem como àqueles que leram e comentaram meus textos ao longo do tempo): Álvaro Faleiros, Antonio Nóbrega, Beate Langenbruch, Carlos Nogueira, Elena Pajaro Peres, Fernando Paixão, Lígia Fonseca Ferreira, Lucas Bento Pugliesi, María Luisa Lobato, Michel Riaudel, Pedro Fragelli, Pedro Meira Monteiro, Rita Olivieri-Godet, Roberto Zular, Ronaldo Vitor Silva, Sandra Teixeira, Tiganá Santana, Walter Garcia. Agradeço, também, aos técnicos e funcionários do Arquivo, da Biblioteca, do Laboratório de Restauro e do setor de Digitalização do IEB-USP: em particular, Elisabete Marin Ribas, Lúcia Elena Thomé, Ivanise Risério de Oliveira, Daniela Piantola e Silvana Amélia Xavier de Aguiar Bonifácio; aos funcionários e técnicos da Biblioteca de Obras Raras Átila Almeida, da UEPB, e do CRLA da Universidade de Poitiers (e aí, em especial, a Paola da Cunha). A Rosilene Alves de Melo, Tereza Diniz e José Rodrigues Filho, agradeço pela ajuda inestimável quando de minha estadia em Campina Grande e Juazeiro, em 2015, particularmente no tocante à consulta do acervo José Alves Sobrinho (UFCG). Por fim, a todas as alunas e alunos com quem discuti o marco ao longo de tantas edições do curso "História, cultura popular e folhetos de cordel no Brasil", que venho ministrando há anos no IEB-USP.

Agradecimentos especiais vão para a ex-aluna e orientanda Marina Januzzi Nabuco de Araújo, que se tornou parceira nesta publicação, como autora das belas ilustrações que procuram dar ao leitor uma imagem mais palpável dessas extravagantes construções chamadas de marco. Para Ana Lúcia Duarte Lanna e Marta Rosa Amoroso, pelo estímulo no início de meu percurso na literatura de cordel. Para Pedro Fragelli, que, além de me dar o prazer de falar sobre o marco no debate sobre literatura e Abolição promovido por ocasião do lançamento de seu livro sobre o Memorial de Aires no IEB-USP, me chamou a atenção para os documentos relativos ao marco na pasta "Cantos de Guerra", do Fundo Mário de Andrade. Para o sr. Paulo Lopes da Costa, fiel aluno da 3ª idade, que muito generosamente me deu como presente sua edição de Marcos e vantagens – o que facilitou sobremaneira a revisão deste trabalho. E para Tiganá Santana, que conheci por intermédio de Álvaro Faleiros e que se tornou um grande parceiro ao longo do segundo semestre de 2018, como monitor da disciplina que ministro sobre cordel, despertando-me de forma decisiva para a importância da compreensão das cosmologias africanas no estudo das "coisas brasileiras".

Por fim, agradeço ao CNPq, pelo financiamento de grande parte desta pesquisa.

Alameda nas redes sociais:
Site: www.alamedaeditorial.com.br
Facebook.com/alamedaeditorial/
Twitter.com/editoraalameda
Instagram.com/editora_alameda/

Esta obra foi impressa em São Paulo no outono de 2020. No texto foi utilizada a fonte Bembo em corpo 10,5 e entrelinha de 14 pontos.